2020
最美科技工作者

中共中央宣传部宣传教育局 编

学习出版社

图书在版编目（CIP）数据

2020最美科技工作者 / 中共中央宣传部宣传教育局
编. -- 北京：学习出版社，2021.11
ISBN 978-7-5147-1079-3

Ⅰ．①2…　Ⅱ．①中…　Ⅲ．①科学工作者－先进事迹－
中国－现代　Ⅳ．①K826.1

中国版本图书馆CIP数据核字(2021)第202174号

2020最美科技工作者
2020 ZUIMEI KEJI GONGZUOZHE

中共中央宣传部宣传教育局　编

责任编辑：苏嘉靖　张　俊
技术编辑：胡　啸

出版发行：学习出版社
　　　　　北京市崇外大街11号新成文化大厦B座11层（100062）
　　　　　010-66063020　010-66061634　010-66061646
网　　址：http://www.xuexiph.cn
经　　销：新华书店
印　　刷：北京新华印刷有限公司

开　　本：710毫米×1000毫米　1/16
印　　张：12.75
字　　数：140千字
版次印次：2021年11月第1版　2021年11月第1次印刷

书　　号：ISBN 978-7-5147-1079-3
定　　价：41.00元

如有印装错误请与本社联系调换，电话：010-67081356

前　言

　　2020 年 12 月，中央宣传部、中国科协、科技部、中国科学院、中国工程院、国防科工局向全社会公布 2020 年"最美科技工作者"。他们是：武汉大学中南医院院长王行环，吉林农业大学教授、中国工程院院士李玉，中国水利水电科学研究院教授级高级工程师、中国工程院院士陈厚群，科大讯飞股份有限公司轮值总裁、教授级高级工程师胡郁，长征五号系列运载火箭总设计师李东，北京地质研究院副院长陈亮，中国中医科学院广安门医院内分泌科主任医师、中国科学院院士仝小林，西藏自治区藏医院眼科中心主任次旦央吉，鹤壁市农业科学院名誉院长程相文，清华大学环境科学与工程研究院院长、中国工程院院士郝吉明。

　　10 位来自科研生产一线的"最美科技工作者"，他们中有的积极投身抗击新冠肺炎疫情一线，舍生忘死筑起阻击病毒的钢铁长城；有的扎根脱贫攻坚一线，将论文写在祖国大地上；有的矢志不移自主创新，将核心技术牢牢掌握在自己手里；有的积极促进科技经济紧密结合，用科技服务民生……他们是千千万万矢志报国、攻坚奋战的科技工作者的优秀代表，用责任担当与自立自强书写着祖国科技发展的美好篇章，他们的功绩值得被铭记，他们身上凝结的科学家精神正熠熠生辉，为广大科技工作者标记着新时代爱国奋斗的精神坐标。

习近平总书记强调："科学成就离不开精神支撑。"加快建设科技强国、实现高水平科技自立自强，需要大力弘扬科学家精神。为深入贯彻落实习近平总书记在中央人才工作会议、两院院士大会和中国科协第十次全国代表大会上的重要讲话精神，更好地团结引领广大科技工作者胸怀"两个大局"、坚持"四个面向"，奋力建功新时代，我们组织编写了本书。旨在激励广大科技工作者以"最美"先进典型为榜样，牢记科技报国为民初心，坚定创新自信，接力精神火炬，自觉把个人理想融入国家发展伟业，为实现中华民族伟大复兴、推动构建人类命运共同体作出应有贡献。

目 录
contents

2020 最美科技工作者

胸怀祖国，肩负起历史的责任

——致敬 2020 年"最美科技工作者"（上）

在极不平凡的 2020 年，"最美科技工作者"胸怀祖国，努力奋斗，书写精彩篇章。他们中间，有的人瞄准科研空白奋力攻关，有的人根据国家需要确定研究方向，有的人临危受命奔赴疫情防控一线……他们的功绩值得铭记，他们的精神值得弘扬。

临危受命，奔赴第一线

中国工程院院士陈厚群是我国水工抗震学科奠基人和开拓者。1959 年，广东新丰江发生水库地震，当时年仅 27 岁的陈厚群临危受命，负责组建水工抗震研究团队。此后，他致力水工抗震研究 60 年，带领团队在该领域走到世界前沿。

为填补水工抗震设计空白，1972 年他担任主编，用时 5 年制定了水工建筑物抗震设计规范；为突破地震研究能力的瓶颈，1980 年起，他带领团队历时 7 年建成三向六自由度宽频域振动台。

本可以安享晚年的陈厚群，2011 年，以年近八旬的高龄勇挑南水北调专家委员会主任的重任。2012 年，他再次出任三峡工程质量检查专家组组长，带领专家组深入工程现场，提出数百条建议，其中仅三峡升船机的抗震设计等级一项建议，就为国家节省十几亿元。

同样是临危受命。2020 年 1 月 24 日除夕夜，中国科学院院士、中国中医科学院首席研究员仝小林向武汉逆行，奔赴抗击新冠肺炎疫情第一线。

抵达武汉后，看到医院发热门诊病人多，仝小林果断提出在武汉市武昌区开展社区中医防控。他与当地专家紧急拟定"寒湿疫方"（武汉抗疫 1 号方），随后在全市推广，还应用到湖北各地。

仝小林在武汉连续工作 64 天，他边临床、边实践、边总结，推动中医药全面介入新冠肺炎疫情防控。之后，仝小林多次受邀参加国际学术交流会议，解读中医防治策略，分享中医药科研成果，为全球疫情防控贡献中国智慧。

仝小林一直致力于中医药传承与创新研究。"我们还要大胆实践、突破传统，让中医药服务更多的人。"他说。

研究与国家的需要结合

"研究要与国家和社会的需要结合起来，服务国家发展。"这是中国工程院院士、清华大学环境学院教授郝吉明常挂在嘴边的一句话。他这样说，也这样做。

1981 年获得硕士学位后，郝吉明出国深造。当他回国时，我国面临的主要是煤烟型污染问题，如何控制酸雨成了他的研究方向。

郝吉明带领团队开展了华南和我国东部地区酸沉降控制规划与对策研究，为制定适合我国国情的控制对策和战略提供了科学依据。

随着城市发展，机动车增多，郝吉明适时提出了建立城市机动车污染控制规划方法。近些年，他又带领团队深入开展大气复合污染特征、成因及控制策略研究，发展了特大城市空气质量改善的理论与技术方法。

郝吉明的办公桌上，堆满了有关大气污染治理的书稿、论文和讲义。他说，推动环境治理与社会经济发展相协调，自己还有好多事要做。

高放废物的安全处置是关系到环境保护和核工业可持续发展的重大课题。中核集团核工业北京地质研究院80后副院长陈亮，就是它的解题人之一。

2011年，陈亮从国外回来，便投身核工业北京地质研究院高放废物处置团队。10年前，陈亮是一名耕耘在讲台的大学老师，而今，他变成一名扎根在戈壁荒漠的"地质队员"。

2015年，科研团队启动了北山坑探设施工程建设和地下实验室场址评价工作。陈亮作为现场总指挥，带领一个由80后、90后组成的团队，扎根无人区，用一年半时间完成了工程建设和10余项大型现场试验研究，提出了地下实验室建设安全技术体系，为我国高放废物处置地下实验室建设方案制定提供了关键支撑。

直面挑战，十年磨一"箭"

不久前，嫦娥五号任务首次实现了我国地外天体采样返回。将嫦娥五号送入预定轨道的是长征五号遥五运载火箭，中国运载火箭技术研究院研究员李东则是长征五号火箭总设计师。

长征五号系列是目前我国运载能力最强的运载火箭，承担着我国载人航天空间站工程、探月工程三期、探火工程等重大发射任务。大的运载能力、大的发动机、大的结构……这些给长五火箭研制团队带来空前挑战。

十年磨一"箭"，李东率领技术团队自主创新，突破了 12 个大类 247 项关键技术，解决了复杂力热环境、大质量多干扰分离等世界性难题，探索出了一条具有中国特色的大推力火箭研制之路。

2016 年 11 月 3 日，长征五号火箭成功完成首飞，其运载能力、运载效率等重要性能指标均居世界前列。

长征五号系列火箭发展之路并非一帆风顺。2017 年，长征五号遥二火箭发射失利。经过大量的分析和故障排查，科研人员找到了原因。李东率领技术团队开始了两年多的艰苦攻关，终于解决了问题。

"那些打不倒你的，终将使你更加强大。"李东表示。2019 年 12 月 27 日，长征五号遥三火箭发射成功。2020 年 11 月 24 日，长征五号遥五运载火箭成功将嫦娥五号送入预定轨道，再一次展示了长征五号系列火箭的实力。

《人民日报》2020 年 12 月 27 日

服务民生，把论文写在大地上

——致敬 2020 年"最美科技工作者"（下）

服务民生是科技创新的重要落脚点。在实验室、在田间地头、在工厂车间，我国科技工作者正以实际行动惠及百姓。

田间地头，干事创业出成果

"菌类是一个天然的粮仓，种植食用菌虽然技术含量较高，但农民好跟进、易操作。"中国工程院院士、吉林农业大学教授李玉说，培植菌类还能使用秸秆等，把农业废弃物利用起来。

可要让小食用菌变成致富大产业，需要找到优良菌种。为此，李玉团队在全国开展菌物资源调查，获得 1.2 万份标本与菌株，既保护了种质资源，也为进一步评价、利用、开发奠定了坚实基础。

多年来，李玉团队先后筛选并培育出 45 个成活率高、易培育的食用菌新品种，集成创新了 6 个北方主要食用菌标准技术体系，为食用菌产业化发展铺平道路。

"不要在黑板上'种地'，要深入生产实践，田间地头的成果比任何荣誉都更有价值。"李玉说。

河南省鹤壁市农科院名誉院长程相文见到玉米就踏实。他 80 多岁了，工作 50 多年，只干了玉米育种一件事。

1963 年 7 月，大专毕业后，程相文被分配到偏僻的河南浚县农业局原种场，成了一名农技员。乡亲们手捧着干瘪的玉米粒问他："俺这挺好的土地咋只能打百十斤玉米，你这个读书人能不能想个法子，让一亩地多打几十斤？"

"一辈子忘不了当时乡亲们期待的眼神。"程相文开始投身玉米育种工作。

育种先找种。一次，他到吉林省公主岭市出差，发烧晕倒在候车室。被救醒后，他首先问的是："400 多粒玉米种子还在不在？"

为加快选育速度，从 1964 年秋开始，程相文到海南育种，50 多年培育和推广了 39 个玉米新品种，被育种界誉为"种子加速度"。

由于花粉存活时间仅有 6 个小时，授粉一般在上午 9 点到下午 4 点之间进行。夏季的海南三亚，地表温度经常达到 40 多摄氏度，当地的黎族老乡都躲在家里不出门，可程相文仍然钻进密不透风的玉米地里研究育种。

"这点苦不算啥，我一钻进玉米地，一看到玉米，就有种说不出来的踏实。"程相文说，老百姓多打了粮食，增加了收入，他就高兴。

尽己所能，为患者减轻病痛

从西藏昌都到青海玉树，从林芝到那曲，次旦央吉几乎跑遍了青藏高原。这位西藏自治区藏医院眼科主任、西藏眼科研究领域学科带头人，被人称为藏区的"光明使者"。

冬日的青藏高原寒冷干燥。有时候，早晨 6 点左右，当大多数人还在睡梦中，次旦央吉就要赶到医院准备手术。

次旦央吉的办公室墙上，挂满了患者送来的锦旗。"我把患者当家人，尽己所能，为他们减轻病痛。"她说。

次旦央吉说，希望广大西藏农牧民能看眼病不出藏。一有机会，她就到内地"充电"。2012 年，她在西藏开展了首例角膜全层移植术；2014 年，开展西藏自治区第一台玻璃体切除手术；2017 年，开展了西藏自治区第一台眼底激光术。至此，西藏眼科手术开展项目基本上实现了与内地一流眼科医院同步。

武汉大学中南医院院长王行环是我国泌尿外科微创医学领域的开拓者之一。从事泌尿外科临床、科研工作 30 余年，他引入、改良、创新了微创泌尿外科理论与技术，临床研究成果被国际多种疾病权威指南采纳。同时，他还在国际上首次提出等离子前列腺切割手术的全新理念，创建了微创等离子前列腺切除手术体系，推动国产医疗设备研发及产业化，使过去只能在教学医院开展的高难度手术成为在基层也能做的技术，惠及了更多老百姓。

2020 年 2 月 8 日，王行环接到武汉市新冠肺炎疫情防控指挥部任命，兼任雷神山医院院长。当天，他就带着 8 名管理人员到了雷神山医院，此时数万名工人还在加紧施工。为了加快收治患者进度，王行环要求，建好一个病区就开放一个病区。运行 67 天后，雷神山医院宣布休舱，创造了"雷神山奇迹"。

"善良是医务工作者最宝贵的品质。"王行环说，对待患病的小朋友必须像对待自己的孩子一样，对待年长的患者应该像对待自己的父母，对待同龄人就应像对待自己的兄弟姐妹，只有对患者有同情心、同理心，才能成为一名好医生。

奋力攻坚，新技术不断涌现

除了是外界熟知的科大讯飞股份有限公司轮值总裁，胡郁的另一个重要身份是国家"863 类人智能项目"首席专家。

近些年，全球人工智能热潮兴起。胡郁自 1997 年以来，一直从事相关核心技术的研究工作，是我国智能语音及人工智能技术的领军人物。他不仅带领科大讯飞成为智能语音行业的领军企业，也为我国人工智能技术发展作出了贡献。

2019 年 8 月，以胡郁牵头并担任首席专家、联合 29 家单位共同承担的我国面向类人智能前瞻研究的首个国家级科研攻关项目"类人答题验证系统"通过科技部验收，综合评价为 A 级。

在 2020 年新冠肺炎疫情防控过程中，基于人工智能技术，胡郁带领团队开发了多个产品助力疫情防控。比如，"智医助理"通过对基层病历进行专题分析，筛选有潜在风险的人群。他还带领团队制定了"停课不停学"解决方案，先后向湖北、安徽等 21 个省份 6500 余所中小学提供人工智能教育产品和服务，累计服务师生超过 1500 万人次。

"我们要不断加强研发，提升我国人工智能的技术水平。"胡郁说，人工智能方兴未艾，惠及民生的空间很大，希望与全行业一起努力，让更多新技术不断涌现。

《人民日报》2020 年 12 月 28 日

让科技之光洒满山河

——走近 2020 年"最美科技工作者"（上）

温竞华　张　泉

在这片 960 万平方公里的土地上，奋斗着 9100 万名科技工作者。他们把论文写在祖国的江河湖海、山川戈壁，写在那些夙兴夜寐、朝乾夕惕的岁月里。新华社记者近日走近一些最美科技工作者，记录他们的故事。

【故事 1】战斗，为了祖国和人民

2020 年春节前夕，一通紧急来电让中国科学院院士、中医内科学家仝小林退掉飞往海南休假的机票，扛起国家中医药管理局医疗救治专家组共同组长职责，登上了驶向武汉的高铁。

大年初一，仝小林就直奔疫情"风暴眼"——武汉市金银潭医院诊治病人。而后，他又奔波于发热门诊、ICU、社区隔离点、方舱——每一处都是最危险的地方。

"中医必须直面患者，把握疫情发生现场的环境。没有望闻问切，就是纸上谈兵。"仝小林说。

"特殊时期，首先是救人，阻断疾病继续发展。"

"轻症和疑似病人能不能在社区治疗，从而减轻医院的压力？必须把防控重心前移至社区，从源头切断疫情。"

......

仝小林在关键时期作出关键判断，牵头拟出通治方"寒湿疫方"，在社区大规模发药 70 多万服，累计救治 5 万余人次；探索建立了"中医通治方＋社区＋互联网"为框架的"武昌模式"，大大降低了高危人群发病率，阻断轻症患者病情加重甚至转向重症，构筑起社区防控的第一道防线。

从 20 世纪七八十年代救治流行性出血热，到 2003 年参与非典救治、2020 年抗击新冠肺炎疫情；从博士到院士，祖国和人民高于一切，是仝小林习医行医 40 多年始终坚守的信条。

在武汉奋战了 64 天的仝小林，今年恰好 64 岁。对于这样的巧合，仝小林说："只要国家需要我、人民需要我，无论多少天，我都会义无反顾，坚持到底。"

【故事 2】一粒种子可以改变什么

他是全国先进工作者、全国粮食生产突出贡献农业科技人员、国家科技进步一等奖、中国种业十大功勋人物……

但他却常说自己不聪明，用 50 多年时光，只干了玉米育种一件事。

他就是 84 岁的玉米育种专家、河南省鹤壁市农科院名誉院长程相文。

1963 年，学农毕业的程相文被分配到鹤壁市浚县农业局原种场。那年，浚县遭遇五十年不遇的洪水，程相文下乡救灾，乡亲们紧紧握着他的手说，你是学农的大学生，能不能让地里多产粮食，我们窝窝头能吃饱就好啊！

"我一辈子忘不了这个画面。"从此，青年程相文把农业育种的责任扛上了肩头。

1964 年，他带着新种子到海南育种。从郑州到三亚农村的基地，整整走了 15 天；早期南繁育种极艰苦，他从不抱怨；农民用他第一年从海南带回的玉米杂交种子，亩产从百余斤提高到 700 多斤，他乐开了花。

青丝变白发，到 2020 年，程相文已经在海南岛试验田度过了 55 个春节，先后选育出 14 个国家和省级审定的玉米新品种，其中浚单系列玉米品种已累计推广 3 亿多亩。

他说，自己一天也离不开玉米，"一粒种子可以改变一个世界，一个民族有饭吃、身体好了，就有无限发展的可能。"

【故事 3】"蘑菇实验室"里挖掘致富力量

吉林农业大学教授李玉，他和蘑菇打了大半辈子交道。

作为我国食用菌领域唯一的中国工程院院士，李玉致力于菌物科学与食用菌产业化研究 30 余年，建成了位居国内前列的菌类种质资源库。他创新的优良品种及标准化栽培技术，显著提高了我国食用菌产量、品质、生产效率。

而李玉不满足于在实验室工作。他说，不能帮农民致富奔小康、为美丽乡村建设贡献力量，还叫什么农业科技工作者？

2012年起，李玉提出"南菇北移""北耳南扩"等食用菌产业发展战略，探索出食用菌科技扶贫新模式。"小木耳，大产业"，说的正是李玉团队的科技扶贫成果。对口帮扶3年来，团队为陕西省柞水县选育的5个木耳移栽品种都实现了大面积推广。2019年，柞水县依靠木耳产业脱贫摘帽。

如今，李玉团队已建立食用菌技术推广基地31个，带动上万贫困户依靠食用菌稳固脱贫。

【故事4】扎根戈壁向着蓝图奔跑

记者见到陈亮的时候，他是拄着拐杖出现的。"前一阵刚从北山回来，那边夜里零下20多摄氏度，山里没有光，踩到坑里，把脚崴了。"

陈亮是中核集团核工业北京地质研究院副院长，他扎根北山研究高放废物地质处置近10年，才38岁已经生出很多白发。

高放废物的安全处置是关系到环保和核工业可持续发展的重大课题。我国西北部的北山预选区，一个只有风沙、荒漠和戈壁，连手机信号都很弱的地方，却是高放废物处置研究最理想的场址。

一边是法国知名大学副教授职位，一边是国内戈壁无人区，怎么选？

辞职回国，到戈壁去！这是陈亮在29岁时作出的选择。

为什么？他说：这是一种召唤。

2009 年，在法国从事相关研究的陈亮，在一次学术会议上第一次系统了解到我国高放废物处置研发的总体规划和进展，第一次知道有一支科研团队扎根戈壁数十年，为绘就这个蓝图挥洒汗水。

"这就应该是我的归属，我必须回去，加入这个团队！"陈亮心中升腾出强烈共鸣。

归国 10 年来，陈亮走过酷暑严寒，与亲人聚少离多，带领科研团队在处置库选址和处置工程技术研发领域取得了一系列重大科研成果，为推动国家高放废物处置北山地下实验室工程发挥了重要作用。

采访中，陈亮不提苦与累，却把"幸运""幸福"挂在嘴边："人生一种幸福就是和一群志同道合的人向着一个伟大的目标奔跑。"

【故事 5】拳拳之心，岁月可鉴

访学踏遍青山，学成归国贡献，我国水工抗震学科的带头人、中国工程院院士陈厚群也是其中之一。

1958 年从莫斯科公派留学毕业后，他谢绝导师一再挽留，毅然回国。

陈厚群潜心研究水工抗震学科六十余载，主持了一系列国家重点攻关项目，攻克了一大批水工抗震世界级难题。从唐山大地震到汶川大地震，陈厚群的研究成果防范了震后重大次生风险，保障了国家能源、水资源和高坝大库安全。

耄耋之年，他又担任了南水北调专家委员会主任、三峡工程质量检查专家组组长，数十次带领专家团队深入工程现场，提出数百条建议。

已是 88 岁高龄的陈厚群依然追梦不止，上个月又前往三峡工程现场。秉持科技报国的初心，这位老科学家继续将论文书写在祖国的江河湖泊、高坝大库上。

新华社北京 2020 年 12 月 26 日电

以科技力量托举梦想

——走近 2020 年"最美科技工作者"（下）

张　泉　温竞华

有这样一群人，他们不忘初心，甘于奉献，面对疫情勇敢逆行，以自身所学守护人民健康；他们矢志报国，锐意攻关，铸造"大国重器"，打造高质量发展新引擎；他们面向国家和人民需求，立报国之志，学报国之能，建报国之功。

他们，是全国 9100 万名科技工作者的优秀代表，是新时代科学家精神的践行者，他们的品质与精神之光，照亮了科技星空。新华社记者近日走近一些"最美科技工作者"，记录他们的故事。

【故事 1】知行合一：把"解决问题"作为创新动力

他是我国泌尿外科微创医学领域的开拓者之一，在国际上首次提出等离子前列腺切割手术全新理念；他临危受命出任雷神山医院院长，打造闻名中外的"重症救治堡垒"……他是武汉大学中南医院院长王行环。

从医 30 余年，王行环始终把"解决问题"作为创新的动力和方向。

经尿道前列腺电切术，百年来被视为前列腺增生治疗领域的"金标准"，然而，这一疗法存在诸多国际性难题：出血多、存在水中毒风险、手术死亡率高达 8‰……通过近 20 年不懈探索，王行环和团队创建了微创等离子前列腺切除手术体系，迄今治愈超过 200 万例，未见死亡病例报道。

2020 年 2 月，王行环出任雷神山医院院长。临危受命，他无暇顾虑，一心扑在"解决问题"上，克服运行初期的重重困难，将来自 286 家医院的 3202 名医护人员、1000 余名后勤保障志愿者、1.3 万名建设者紧紧凝聚在一起，铸造成一支抗疫精锐之师，取得了近 98% 的救治成功率、医院零感染、安全生产零事故、环境零污染的抗疫成绩。

"面对困难，千方百计找到最好的办法解决问题，这是科技工作者的使命，也是科学家精神的重要内涵。"王行环说，科技工作者一定要做到知行合一，"心中有良知，行为有担当"。

【故事 2】锐意攻关：十年磨一"箭"打造"大国重器"

我们正见证中国航天发展的新跨越。"天问"探火、"嫦娥"奔月……这些举世瞩目航天任务的顺利实施，都离不开长征五号系列运载火箭的强力引擎。起飞重量约 870 吨，地球同步转移轨道运载能力达 14 吨……十年磨一"箭"，长征五号的成功研制，倾注了总设计师李东的全部心血。

新技术多、新研产品多、技术跨度大、研制规模大……面对挑战，李东率领技术团队突破了 12 大类 247 项关键技术，解决了一系列世界性难题，确保长征五号火箭于 2016 年 11 月 3 日成功完成了首飞。

宝剑锋从磨砺出。2017 年长征五号遥二火箭发射失利后，李东和团队并没有退缩，他们开展了长达两年多的艰苦"归零"和攻关。2019 年 12 月 27 日，随着长征五号遥三火箭发射成功，长征五号"王者归来"。

"斗转星换，十年终铸成巨箭。甘苦暑寒，波折历罢捷报传。初心不变，今日梦筑空间站。"2020 年长征五号 B 火箭发射成功后，李东用这样的诗句描述了自己的心情。探索不会止步，"更待来年，鲲鹏扶摇九重天！"

【故事 3】不懈探索：用人工智能提升创新活力

语音合成技术在国际权威比赛中十四连冠、语音识别技术 2015 年首次超过人类速记员、人工智能翻译系统全球首次通过翻译专业资格（水平）考试……这是科大讯飞股份有限公司轮值总裁胡郁和团队近年来创新成绩单的一部分。

1997 年以来，胡郁一直从事智能语音及人工智能核心技术研究。"要让机器能够听懂人类说话，是非常大的挑战。"胡郁说，互联网的高速发展带来了良好契机，他和团队克服诸多困难，在语音数据收集、关键技术研发方面持续深耕，终于迎来相关技术的连续突破。

他在国内牵头建立的人工智能开放创新平台，持续为创业者和开发者提供具有全球领先的人工智能能力，截至 2020 年 7 月 31 日，终端用户数累计超过 29 亿，应用数超过 86 万。

围绕科大讯飞建立的国家新型工业化示范基地"中国声谷"，入驻企业超过 200 家，在移动互联网、教育、智能客服、智能家居、智慧医疗等领域取得了良好经济社会效益，近 3 年累计新增销售收入 1970 亿元。

【故事 4】矢志报国：为人民撑起一片蓝天

京津冀等区域雾霾天数显著减少，北京 $PM_{2.5}$ 浓度持续下降……近年来，我们的天更蓝了，空气更清新了。这背后有着清华大学环境学院郝吉明院士的努力和坚守。

他留美学成后毅然放弃国外工作机会回国任教，聚焦国家重大需求深耕大气污染防治 40 年，为祖国培养了一批"蓝天守护者"，守护人民健康。

郝吉明和团队通过理论创新解决了划分酸雨和二氧化硫控制区的"牛鼻子"问题，促进全国酸雨区面积从 20 世纪 90 年代占国土面积的 30% 左右下降到 2018 年的 5.5%；他领导制定和实施中国燃煤、工业、交通等行业的大气污染防控政策，助力推动环境保护和经济社会协调发展；他积极投身抗疫工作，研究应对疫情带来的环境风险。

"尽管已经 74 岁，但我还是要为打赢蓝天保卫战贡献力量，这是我的专业，也是我的责任。"郝吉明说，科技工作者首先要有家国情怀，要面向国家重大需求，为改善人民生活做研究。

【故事5】坚守使命：让患者眼中光明永驻

让西藏的眼病患者不出藏就能得到与发达地区无差别的诊治，这是西藏自治区藏医院眼科（西藏自治区眼科中心）主任次旦央吉多年的愿望。经过她和社会各界多年的努力，这一愿望如今已基本实现。

下乡时，次旦央吉的一天常常是这样度过的：8点多钟赶到医院准备第一场手术，等结束全天的工作走出手术室，又继续为第二天的手术做准备。

"只有提高医疗服务质量，才能赢得患者的信任。"从医32年间，次旦央吉从未停止过钻研业务，并在临床上将藏医藏药理论知识与现代医学相结合。作为西藏眼科研究领域学科带头人，她掌握并推广10余种眼科手术，仅白内障一种手术，她就亲自参与完成3万多例，复明率达99%左右。

眼病普查、下乡手术、健康宣教……从昌都到玉树，从林芝到那曲，整个青藏高原都留下了次旦央吉工作的身影，行程达18万公里。不论山路多么崎岖、条件多么艰苦、天气多么恶劣，她从无怨言。一次下乡途中，由于劳累过度心脏病发作，但她依然坚持在一线。

"没有光明的世界是可怕的，我们只有更加努力地工作，为更多患者带来光明，才不负使命。"次旦央吉说。

新华社北京 2020 年 12 月 27 日电

最美科技工作者

王行环

ZUIMEI KEJI GONGZUOZHE

为人民健康护航的白衣卫士

——记武汉大学中南医院、武汉雷神山医院院长王行环

在武汉大学中南医院，有一位名医，他参加工作 30 余年，是泌尿外科微创医学领域的开拓者之一、国家重点研发计划项目（4 项）首席科学家、长江学者、名医百强榜 Top 10 Dr. 等，位列中国泌尿外科专家学术影响力第三名（全球学者库 2020 年 8 月发布），他就是王行环。临床研究成果被国际多种疾病权威指南采纳，主持制定行业标准 7 项，获发明专利等知识产权 60 余项。领衔获国家技术发明奖二等奖、全国创新争先奖奖牌。在新冠肺炎疫情防控期间临危受命担任雷神山医院院长。他带领的武汉大学中南医院泌尿外科在 2019 年度中国医院科技量值排行榜位列第八。

理念与技术创新，为国际提供中国方案

王行环教授带领团队积极开展研究解决临床问题，部分研究成

果被欧美等国际指南采纳。例如，中国泌尿外科学会（CUA）权威指南自 2006 年起（共 5 版）直接采用本团队研究成果，作为推荐等离子电切术治疗良性前列腺增生症（BPH）的理论依据；本团队研究成果自 2016 年（2 篇）写入欧洲泌尿外科学会（EAU）权威指南（共 3 版），2017 年（1 篇）写入日本泌尿外科学会（JUA）权威指南，2018 年（2 篇）写入美国泌尿外科学会（AUA）权威指南。国内、国际指南分别先后引用本团队研究成果作为推荐等离子电切术治疗 BPH 的理论依据，这也是鲜有的我国指南推荐意见早于欧美国家。再如，2012 年 EAU 泌尿系结石诊疗指南推荐直径＞ 2.0cm 肾盂结石首选经皮肾镜取石术；该团队循证医学研究成果显示对于该类结石，腹腔镜肾盂切开取石术优于皮肾镜取石术，被 2015 版 EAU 泌尿系结石诊疗指南采纳，推荐其为首选方法。

他率领团队针对前列腺增生治疗近百年的"金标准"——经尿道前列腺电切术存在水中毒、出血多和学习曲线长的国际难题（手术死亡率高达 8‰），通过近 20 年产学研医高度融合，创建了微创等离子前列腺切除手术体系，发明了具有完整自主知识产权、全新模式的腔内手术器械，实现了前列腺切除由电刀向等离子刀技术的历史性跨越，使我国跃入本领域世界领先行列。完全自主知识产权研发的微创等离子手术系统不仅安全高效和工艺优化，是等离子体系革命性进步，而且成功转化和推广应用。该项目经我国医疗设备企业成功转化后，累积销售微创等离子主机 8000 余台，等离子刀 37 万余件，近 3 年保守估计销售额超过 20 亿元人民币，孵育了 3 家高新企业。推动这一从无到有的新手术成为一线主流手术，改变了国内外前列腺增生治疗策略和模式，使既往只能在教学医院开展的高难度手术在基层医院普遍开展，治愈超过 200 万例，迄今未见死亡病例报道。领衔获湖北省科学技术奖一等奖（2013 年）、国家技术发明奖二等奖（2019 年）。

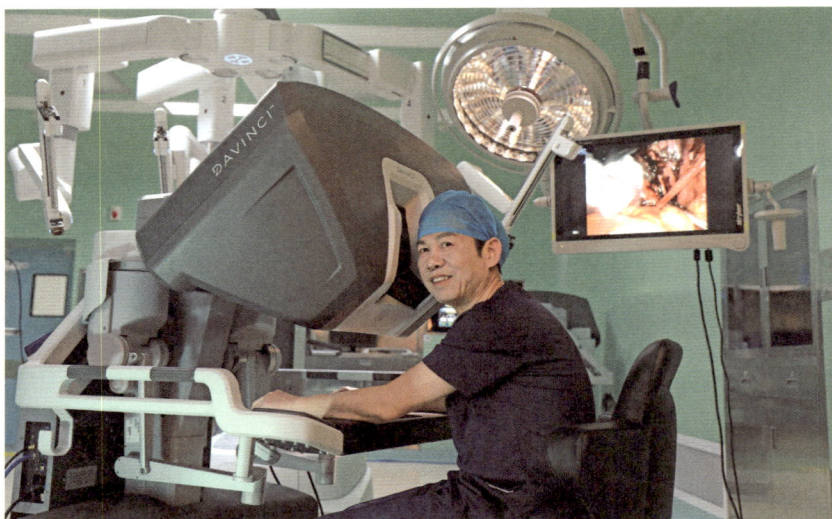

◆ 王行环机器人手术工作照

搭建多学科交叉平台，勇攀医学高峰

他注重研究的学科交叉，先后搭建了武汉大学循证与转化医学中心、国家干细胞临床研究机构、湖北省人类遗传资源保藏中心、武汉大学临床试验中心、武汉大学人类遗传资源保藏中心、湖北省技术转移示范机构、国家医疗器械临床试验机构、医学临床试验湖北省工程技术研究中心、武汉大学医院管理研究所、肿瘤精准诊疗技术与转化医学湖北省工程研究中心等，聚集了大批人才，为医院的持久发展打下了坚实的基础。2016 年武汉大学中南医院排名由百名开外跻身 60 余名、连续 3 年被评为学科进步最快的"黑马"（前5 名），2018 年 Nature 指数排名第 14 位、医院排行榜科技指数第30 名。

他带领团队应用条件性重编程细胞技术，成功培养出从膀胱癌患者组织中分离的人原代正常膀胱上皮细胞和人原代膀胱癌细胞，并能长期存活；发现 TM4SF1 基因可作为鉴别非基层浸润性膀胱癌和肌层浸润性膀胱癌的生物标志物；发现 CIRBP、miR-4324 等基因在膀胱癌复发进展中的关键作用；发现脂代谢在膀胱癌发生发展中有重要作用。通过特有的肿瘤溯源技术和条件性重编程细胞技术，绘制了膀胱癌细胞系的突变进化图谱与中国人群膀胱癌的肿瘤图谱，及家系性前列腺癌的胚系遗传驱动图谱，为泌尿系肿瘤的诊断和治疗提供新方向。发现 TRPM7、TRPM8 等基因在前列腺癌侵袭和骨转移方面的影响和分子机制；利用多中心临床数据，建立了前列腺癌骨转移的预测模型。系列研究为膀胱癌的复发进展及前列腺的骨转移机制提供了中国人群的证据，可作为其分子靶向诊疗和主动监测的参考。其中在 *Cell Death Disease* 发表的论文被英国著名科普杂志 *Research Features* 重点报道。

疫情防控期间，是"科技抗疫"和
"把论文写在抗疫一线"的践行者

新冠肺炎疫情暴发后，他带领全院积极投入救治工作，创新性地提出"边建设、边培训、边治病、边研究"的策略。在疫情防控最艰难的时期，又临危受命挑起雷神山医院党委书记和院长重任，

克服建设初期的重重困难，在极短时间内集结起来自 286 家医院的 3202 名医护人员、1000 余名后勤保障志愿者，与 1.3 万名建设者一起迅速建成拥有 32 个病区、1500 张床位的"重症救治堡垒"，短时间内按照一所高标准三级甲等医院的架构，使雷神山医院从管理、后勤、感控、医护各个层面铸造了一支抗疫精锐之师，大幅提升了整体收治能力，确保应收尽收、应治尽治；通过同质化管理，重症救治体系构建，创造了近 98% 的救治成功率、医院零感染、安全生产零事故、环境零污染的雷神山奇迹，成为国际抗疫"中国力量"的象征。

他不仅带头冲锋在临床救治的一线，而且聚焦研究解决救治与院感关键问题，是"科技抗疫"和"把论文写在抗疫一线"的践行者。承担国家重点研发计划应急专项 2 项、湖北省新冠应急专项 2 项，以第一 / 通讯作者发表防治指南及论文 30 余篇、出版专著 2 部。多项科技成绩全球第一：全球最早发现新冠肺炎病毒基因序列的三家团队之一、全球首次利用 ECMO 成功救治新冠重症患者、全球第一家开展新冠病毒核酸检测的医院、全球第一篇 N95 口罩可预防新冠肺炎传播的论文。与王永炎院士共同主持制定了全球第一部符合 WHO 方法学的新冠肺炎诊治指南，英文版于 2020 年 2 月 6 日发表，阅读量超过 33 万次，现仍被脸谱网、推特等广泛转载，为国际抗疫提供了宝贵的"中国经验"；与王辰院士受人民卫生出版社邀请共同主编了《实用新型冠状病毒肺炎诊疗手册》，首印 10 万册立即全部用在了抗疫一线；与陈薇院士共同完成了重组新冠疫苗（腺病毒载体）Ⅱ期临床试验，研究结果于 2020 年 7 月 20 日发于 *Lancet*。据国际 *Digital Science* 统计报告显示，截至 2020 年 6 月 1 日，武汉大学中南医院新冠肺炎防治相关研究论文发表数量居全球医院第二。因其对抗疫的突出贡献，被授予第二届全国创新争先奖奖牌（负责人）。

中国科学技术协会宣传文化部供稿

王行环：心中有良知　行为有担当

"我最高兴的是完成了两个目标，一是尽快收治新冠肺炎患者，尽可能把患者病死率降至最低；二是雷神山医院所有战友平安回家。"2月8日，武汉大学中南医院院长王行环临危受命，兼任雷神山医院院长。

4月15日雷神山医院"休舱"时，这两个目标都实现了。在王行环心中，"这是我一辈子最值得的事"。而当他被授予2020年"最美科技工作者"称号时，王行环说自己仅是幸运地代表中国1000万名医务工作者获得了这一荣誉。

临危受命勇担当

完全陌生的环境、情况复杂的疫情、瞬息万变的形势。

"新冠肺炎疫情发生后，很多同胞的目光都落在雷神山上，充满期待，我们也在同时间赛跑，与魔鬼较量，用雷神之矛决胜抗疫战场，以精锐之师驱逐死神。"王行环说。

一开始，他带领的"雷神山战士"想效仿学习火神山医院的管

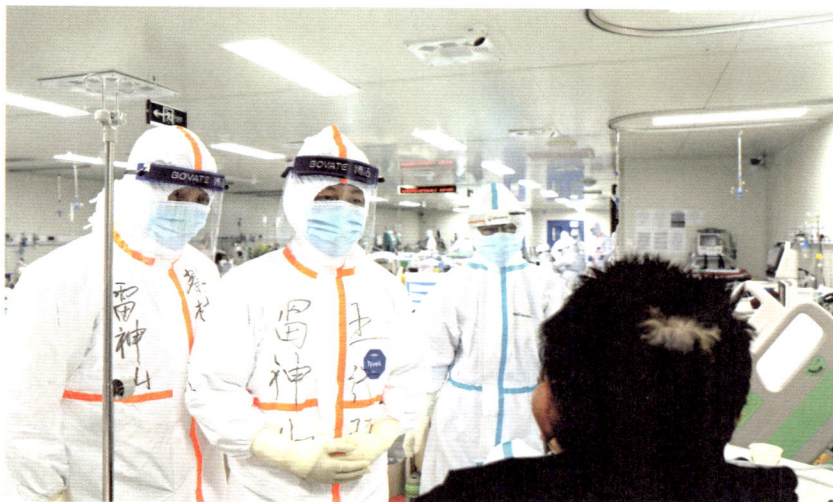

理和救治经验。但建制不同、人员来源不同，他随即转变思路，创新性地提出"边建设、边培训、边治病、边研究"的策略，用统一的医疗质量和安全标准救治更多患者。

雷神山医院克服了条件艰苦、设施不够完备、制度不够周全、团队来不及磨合等太多意想不到的困难，在极短时间内凝聚来自286家医院的3202名医护人员、1000余名后勤保障志愿者，与1.3万名建设者一起迅速建成拥有32个病区、1500张床位的"重症救治堡垒"，书写了中国奇迹。

2011名患者整体病死率2.3%，重症及危重症患者病死率4.3%，这是雷神山医院管理、后勤、感控、医护各个层面共同努力的结果。除了高救治成功率，整个医院零感染、安全生产零事故、环境零污染。

雷神山医院、武汉大学中南医院等医疗机构在疫情中冲锋陷阵，成为这场人民战"疫"中的"定海神针"。让王行环印象深刻的是，"大家不顾生命风险、不怕牺牲，自愿来到这里，体现了中国人民的团结、国家危难时的担当"。

把论文写在抗疫一线

"疫情防控必须有科学的思路、全面的思考。"王行环不仅带头冲锋在临床救治一线，还聚焦研究解决救治与院感关键问题。他是"科技抗疫"和"把论文写在抗疫一线"的践行者，为抗疫提供了宝贵的一线资料和"中国经验"。

王行环与中国工程院院士王永炎共同主持制定了全球第一部符合世界卫生组织方法学的《新型冠状病毒感染的肺炎诊疗快速建议指南》，并提交至行政管理部门决策参考。英文版阅读量超过 31 万次，现仍被广泛转载。与中国工程院院士王辰共同主编《实用新型冠状病毒肺炎诊疗手册》，首印 10 万册立即全部用在了抗疫一线。

他还与中国工程院院士陈薇共同完成了重组新冠疫苗（腺病毒载体）Ⅱ期临床试验，研究结果于 2020 年 7 月 20 日发表于 *The Lancet*。据国际 *Digital Science* 统计报告显示，截至 2020 年 6 月 1 日，武汉大学中南医院新冠肺炎防治相关研究论文发表数量居全球医院第二。

在王行环的带领下，中南医院多项科技成绩突出：全球最早发现新冠肺炎病毒基因序列的三家团队之一、首次利用 ECMO 成功救治新冠重症患者、第一家开展新冠病毒核酸检测的医院、第一篇

N95 口罩可预防新冠肺炎传播的论文。

此外，王行环还组织并支持中南医院重症医学科等开展多项临床试验，探讨重症患者的救治经验。他高度关注医护人员的感染问题，组织研究，以期为未来公共卫生事件规避医务人员感染提供参考。

葆家国情怀　行敬业精神

"作为武汉的一名市民、一线医生，我与他们在武汉共同奋战近3个月的日日夜夜，令我终身受益，终生难忘。我将以他们为榜样，学习科技报国的精神，学习大爱无疆的精神，学习敢于担当的精神，学习不畏牺牲的精神。"王行环说。

王行环所说的"他们"，正是以参加抗疫的院士为代表的科技工作者。

在武汉最艰难的时候，全国各地除了医护人员、医学科学家参与之外，各行各业的科技工作者也加入进来。王行环说，"甚至开展人工智能疾病诊断研究的，引入机器人在隔离病区运用的，都参与其中。"

"我深深感觉到中国科技工作者的家国情怀，国家有危难的时候能够站出来、顶上去，非常了不得。"他说道。

王行环把"心中有良知，行为有担当"作为座右铭，创建了微创等离子前列腺切除手术体系，在泌尿外科微创医学领域做出开拓性工作，还绘制了中国人群膀胱癌图谱，为肿瘤精准诊疗奠定了坚实基础。

"近 20 年来，中国医学快速发展，我刚好在这个阶段成长，自己受益于国家、受益于时代，同时也是重要的贡献者之一。"他说。

"新一代年轻人比他们的前辈有更好的成长条件、更高的基本素质，国家的未来靠他们，我对他们充满信心。"王行环希望年轻科学家的成长，既要有知行合一的品格，又要有引领世界的思维和视野。

中国科协信息中心、科技传播中心供稿

王行环：知行合一是科学家精神重要内核

刘　垠

2021 年 1 月 8 日，武汉大学中南医院院长、雷神山医院院长王行环在微信分享了一个链接：《写给春天——雷神山里的"美术馆"》。这则与雷神山相关的新闻，让时间倒回至 2020 年，那些和"雷神山战士"并肩奋战的 67 个日与夜。

前不久，王行环获得了 2020 年"最美科技工作者"称号。因抗疫贡献突出，他还被授予第二届全国创新争先奖奖牌（负责人）。新近出炉的 2020 年全球高被引论文 Top10 中，钟南山院士和高福院士等人论文入选，其中，王行环教授团队论文位列第三。

知行合一　他们给苍白以色彩

"雷神山医院虽然在去年 4 月 15 日关了，但援鄂医疗队队员们用手绘画成的故事墙并未尘封，我们给这些画涂上了一种特殊涂料

◆ 雷神山医院休仓仪式

保护起来。"王行环说，当时雷神山医院收治的患者中，超过 45%
是重症和危重症，医护人员的压力和疲倦不言自明，绘画成了他们
休息时的解压方式。

王行环的微信签名是"心中有良知，行为有担当"，他说："这
种'知行合一'是最美科技工作者的'美'之所在，也是科学家精
神的重要内核。"

在雷神山医院，他们将这种精神发扬开来。雷神山医院、武汉大
学中南医院等医疗机构，也成为这场人民战"疫"中的"定海神针"。

2020 年 2 月 8 日早晨 6 点，王行环接到电话，说"需要你接管
雷神山医院！"

国有难、我必战。可跑到雷神山医院一看，王行环就觉得"不
对"，这哪里是医院？分明是工地啊！各种施工的车辆、四处忙碌

的工人。雷神山医院有 32 个病区，当时仅有 2 个病区即将完工。

"那个时候真不能等，一张床救一个人的命啊。"彼时，新冠肺炎疫情在武汉暴发，为尽快收治患者，临危受命挑起雷神山医院党委书记和院长重任的王行环，创新性地提出"边建设、边培训、边治病、边研究"的策略，建好一个病区就开放一个。

◆ 王行环和雷神山医院建设者合影

可是，开一个病区需要 20 多吨的物资，堆在库房没有工人搬，医护人员就自己搬。后来，就出现了网上这感人的一幕：一个小姑娘身着防护服，冒雨背着一个大箱子往病区挪。

就这样，经过 10 多个昼夜的奋战，来自 286 家医院的 3202 名医护人员、1000 余名后勤保障志愿者、1.3 万名建设者，迅速建成了拥有 32 个病区、1500 张床位的"重症救治堡垒"。

再后来发生的事情，就为大家所熟知了。雷神山医院从管理、后勤、感控、医护等层面锻造了一支抗疫精锐之师，确保应收尽收、应治尽治。通过同质化管理，重症救治体系构建，创造了近98%的救治成功率、医院零感染、安全生产零事故、环境零污染的雷神山奇迹，成为国际抗疫"中国力量"的象征。

为生命而战　将不可能变成可能

"我们根据前期的经验和教训做了第一个指南，培训医护人员规范操作，从而把死亡率降到最低。"王行环所说的"指南"，是与王永炎院士共同制定的全球首部符合 WHO 方法学的新冠肺炎诊治指南，英文版于 2020 年 2 月 6 日发表，阅读量超过 33 万次。

不仅如此，王行环还与王辰院士共同主编了《实用新型冠状病毒肺炎诊疗手册》，首印 10 万册立即全部投入抗疫一线；与陈薇院士共同完成重组新冠疫苗（腺病毒载体）Ⅱ期临床试验，研究结果于 2020 年 7 月 20 日发表于国际著名期刊《柳叶刀》。

带头冲锋在临床救治一线的王行环，脚踏实地"把论文写在抗疫一线"，收获也接踵而至，多项科技成绩摘得全球第一：全球最早发现新冠肺炎病毒基因序列的 3 家团队之一、全球首次利用 ECMO 成功救治新冠重症患者、全球第一家开展新冠病毒核酸检测的医院……

"中国人很团结也很有情怀，都知道危险但还是逆行而来，很好地诠释了心中有良知、行为有担当的精神。"王行环把雷神山医院的同事叫作"雷神山战士"，这些战士在最疲累难熬时没有流泪，但在给雷神山医院贴封条时掉泪了，不仅是不舍，内心五味杂陈。

"这场仗打得太难了，在中央指导组和各级政府的倾力相助下，我们最终赢了，也兑现了当时的承诺：一个都不能少！"他感慨道，

◆ 王行环参加新冠肺炎疫情防控远程会议

雷神山的这些日子，是人生中最有价值、最难忘的一段经历。

经过 67 个日夜的鏖战，雷神山医院"关门大吉"。自嘲为"手术痴"的王行环，能重新站在手术台面前，别提有多开心了。

从医 30 年，作为我国泌尿外科微创医学领域的开拓者之一，王行环始终把"解决问题"作为创新的动力和方向。

经尿道前列腺电切术，百年来被视为前列腺增生治疗领域的"金标准"。然而，这一疗法面临诸多国际性难题：出血多、存在水中毒风险、手术死亡率高达 8‰……

历经近 20 年执着探索，王行环带领团队创建了微创等离子前列腺切除手术体系，发明了具有完整自主知识产权、全新模式的腔内手术器械，使我国跃入该领域世界领先行列。迄今治愈超过 200 万例，未见死亡病例报道。

《科技日报》2021 年 1 月 18 日

最美科技工作者

ZUIMEI KEJI GONGZUOZHE

李 玉

以脱贫攻坚为己任的蘑菇院士

——记中国工程院院士、吉林农业大学教授李玉

在菌物研究界，有位与蘑菇打了近 40 年交道，一直致力于食药用菌科学与工程产业化研究的科学家，他就是全国脱贫攻坚楷模——李玉。参加工作 54 年，他一直奋斗在教学、科研和兴农第一线，他怀揣食用菌产业富国梦，醉心菌物世界，求索拓荒，推动了我国食用菌产业的升级发展，将"小蘑菇"做成了"大产业"，用自己的实际行动书写了为天下菇农致富奔小康的责任与担当。

李玉，我国食用菌领域唯一的中国工程院院士，主要从事菌物科学和工程产业化研究，是国际药用菌学会主席、国家食用菌产业技术创新战略联盟首席科学家、国家援助赞比亚农业技术示范中心首席科学家、全国高校黄大年式食用菌教师团队负责人，吉林省科技志愿服务总队长。获"全国科技助力精准扶贫 2019 年度先进团队""全国专业技术先进集体""全国农业植物保护先进个人"等称号。

李玉是有 38 年党龄的老党员，廉洁自律、热爱祖国、服务人民、治学严谨、学风正派，具有崇高的道德品行。40 多年不懈奋斗，从技术支撑到产业孵育，从科技培训到科技教育，为食用菌产业脱贫注入科技元素，奏响了"小蘑菇，大产业"的脱贫致富曲，书写了一名科技工作者的责任担当。

勇攀科学高峰，在菌物研究道路上潜心钻研

几十年来，李玉在菌物科学与食用菌工程技术研究中，挖掘了大量菌物资源，构建了全新的菌物系统分类体系，将基础理论与应用技术相结合，创立了"菌类作物学"。以创新成果为依托，研究解决食用菌工程技术难题，先后主持并带领团队完成国家和省部级菌类工程研究项目如国家科技部、农业部、"973"、"863"、"948"以及国家自然科学基金国际合作重点及面上项目等国家和省部级项目 50 余项，累计科研经费过亿元，促进了菌物科学的发展及食用菌产业化升级。

自 20 世纪 70 年代以来，李玉深入全国各省区开展菌类资源调查，获 5 万余份标本与菌株，完成了《中国真菌志》（第四十五卷·侧耳—香菇型真菌）等 3 部志书及《中国大型菌物资源图鉴》的编研，使标本及菌种保藏量居于国内前列，成为我国这一领域重要的资源库，这些基础研究不仅保护了种质资源，挽救了一批濒危物种，更为进一步评价、利用、开发奠定了坚实基础。其中仅黏菌就报道了 430 余种，占世界已知种的 43%，发表新种 100 余个，开创了中国人命名新种的先河，使我国黏菌的研究居世界前列。出版

了《中国真菌志》黏菌卷一、二及两部目一级专著。国际首创"一区一馆五库"菌物种质资源保育技术体系，为我国食用菌产业可持续发展奠定种质核心基础。并成功在甘肃祁连山、吉林长白山、中俄和中朝边境、安徽大别山等地实践应用。首次建成全球集食药用、毒、野生为一体的食用菌种质资源全基因数据库，抢占了国际食用菌育种新高地，为实现食用菌产业强国梦作出重要贡献。

李玉在食用菌领域破解作物秸秆基质化利用难题，重点突破食用菌种质资源精准鉴定评价和高效育种两大技术瓶颈，国内率先建立食用菌原生质体制备和遗传转化技术体系，选育黑木耳、玉木耳等广适性品种 45 个；集成创新出两棚制花菇生产、米菇间作、全株高值化利用等 9 项生产工艺，全日光间歇迷雾栽培黑木耳、小孔出耳等 12 项原始创新关键技术，颠覆了食用菌需棚室遮光保湿栽培的传统理念，填补多项世界空白，产生经济效益达 300 亿元。

中国食用菌协会高度评价李玉在食用菌产业化上作出的贡献，被认为在理论上率先提出了食用菌产业是"循环经济"发展模式中重要的产业环，创新出的适宜北方地区栽培的优良品种及集成的标准化栽培技术，改变了食用菌产业低水平徘徊的局面，显著提高了食用菌产量、品质、生产效率，对我国食用菌产业化升级起到了重要作用。

情系科技扶贫，在脱贫攻坚道路上砥砺前行

2012 年始，李玉积极投身全国脱贫攻坚事业，国内首次倡导提出"南菇北移""北耳南扩""木腐食用菌草腐化栽培"的食用菌产

业发展战略，探索出以"科技专家＋示范基地＋农业技术员＋科技示范户＋辐射带动农户"食用菌"五位一体"科技扶贫新模式。与全国 40 余个县市签订扶贫合作协议，每年累计 260 余天率队躬耕河北阜平、陕西柞水、安徽金寨、云南澜沧、吉林洮南等原国家级贫困县进行科技扶贫，带领农民精准发展食用菌特色产业，举办科技讲座 80 余场，建立食用菌技术推广基地 31 个，扶持食用菌龙头企业 22 个，示范推广 30 亿菌袋，带动上万贫困户依靠食用菌稳固脱贫。脱贫攻坚期间，全国 592 个贫困县 95% 把食用菌作为扶贫重要产业。

● 李玉在黑木耳产业基地

在吉林，作为食用菌产业技术总负责人，李玉深入白山黑水开展食用菌科技指导，开启科学家扶持栽培户合作模式，在汪清、珲春等地建起百公里蘑菇科技扶贫长廊，历时 30 余年打造了黄松甸镇黑木耳产业。学校定点扶贫洮南好田村，依靠种植玉木耳脱贫摘帽，团队获"感动吉林"人物称号。

承担中国工程院定点扶贫云南会泽、澜沧任务，与当地政府逐村制定食用菌科技扶贫方案，建立"院士食用菌扶贫课堂"，手把手将"良种良法"送到田间菇棚，有效建立云贵、川藏高原不同生境食用菌栽培模式。

受中科协、中菌协等邀请，连续 12 次深入河北阜平，山西临县，贵州铜仁、遵义等革命老区，冒着严寒酷暑和高原反应，从零起步指导建立食用菌现代产业园；在安徽金寨建立大别山药用菌资源保育区，规划培育百亿级药用菌产业助力脱贫攻坚。

在浙江庆元，指导建成首个全国香菇农业文化遗产地，累计捐款 480 万元设立李玉奖励基金用于香菇发源地产业扶贫。

应吉林省和商务部邀请，承担吉林援新疆、国家援赞比亚农技示范中心建设项目。针对赞比亚高原热带型气候，首次集成创新出适宜当地种植的食用菌品种 8 个和配套生产技术体系。《人民日报》以《中国院士让赞比亚人民全年吃上蘑菇》为题作了报道。

2017 年起，承担陕西柞水县科技扶贫项目，率队亲自制定产业扶贫规划，为柞水选育出 5 个黑木耳、玉木耳优质品种，入选"国家品牌计划"特色产品向全球推介；组织科技培训 20 余场；建立了社川河流域木耳产业带，建成木耳研发中心 1 个、菌种加工基地 1 个，年产木耳菌包达 5000 万袋，辐射带动全县 9 个镇 42 个村发展木耳产业，已有 3138 户贫困户依靠木耳产业稳定脱贫。

2020 年 4 月 20 日，习近平总书记在柞水县小岭镇金米村考察脱贫攻坚，用"小木耳，大产业"点赞李玉教授的科技扶贫成果。

李　玉

建设一流学科，凝心聚力谋发展

　　创建了菌物科学与工程本科专业，在国内率先形成了专科、本科、硕士、博士、博士后较完整的菌物科学与食用菌工程人才培养体系。相关的博士点和博士后流动站已成为省部级重点学科、国家重点实验室（培育基地）。建立了经济菌物研究与利用国家地方联合工程研究中心、农业部北方食用菌资源利用重点实验室、教育部食药用菌工程研究中心、中俄及中国白俄罗斯菌物资源保育中心，创办了《菌物研究》学术期刊，形成技术平台、人才培养与学术期刊相结合的完整学科体系。李玉于2011年被评为国家级教学名师，所带领的团队被评为国家级优秀教学团队、全国高校黄大年式教师团队及教育部创新团队、教育部"长江学者和创新团队发展计划"创新团队，成果获得国家级教学成果二等奖。

　　将菌物学科与国际接轨，代表这一学科出席国际会议30余次并在大会发言，分别主持了第八届海峡两岸菌物学学术研讨会、中日及泛亚太地区菌物学论坛、第七届和第十届国际药用菌大会、第八届黏菌系统学及生态学国际会议、国际经济菌物大会、第二届东北亚地区生物多样性国际会议，并担任大会主席。现任国际药用菌学会主席，建立国际合作平台3个：高等学校学科创新引智计划"111"合作基地、食用菌新种质资源创制国际联合研究中心、现代农业技术国际合作联合实验室，与国外知名菌物学家及科研机构联合协作，跟踪本领域世界发展前沿信息，为提高我国菌类产品在国际市场上的核心竞争力，推动中国食用菌产业及菌物学科的快速发展作出了贡献。国内外对李玉在菌物学的研究上均给予了高度评价。

取得丰硕成果，回报社会和祖国

在学术刊物上发表论文 780 篇，其中 151 篇被 "SCI" 收录，出版著作 26 部。获得国家已授权发明专利 30 余项，获得国家自然科学二等奖 1 项，教育部高等学校科学研究优秀成果奖（科学技术）科技进步奖一等奖 1 项，第二届全国创新争先奖 1 项，何梁何利基金科学与技术进步奖 1 项，戴芳澜终身成就奖 1 项，中国植物病理学会终生成就奖 1 项，国家教学成果二等奖 1 项，吉林省科技进步一等奖 3 项、二等奖 2 项、三等奖 10 余项，对我国的菌物事业作出了突出贡献。

中国科学技术协会宣传文化部供稿

携小菌物走出大天地

　　木耳、银耳、羊肚菌、金针菇、杏鲍菇……食用菌因其营养丰富、口感独特，如今已成为百姓菜篮子的重要组成部分。除了拌炒蒸炸的"研究"方式，有人还将食用菌带进实验室，写进资源图鉴，为之构建全基因数据库，更以食用菌产业为抓手，在脱贫攻坚道路上坚定前行。

　　中国工程院院士、吉林农业大学教授李玉在菌物科学和工程产业化研究中深耕40余年，构建了全新的菌物系统分类体系，创立"菌类作物学"，并倡导提出"南菇北移""北耳南扩""木腐食用菌草腐化栽培"的食用菌产业发展战略，带动上万贫困户依靠食用菌稳固脱贫，为推动中国食用菌产业及菌物学科的快速发展作出贡献。

菌物研究的拓荒者

　　自1978年考取吉林农业大学微生物学专业硕士研究生开始，李玉就踏上了菌物研究的拓荒之路。

　　李玉和团队深入全国所有省（区、市）开展菌物资源调查，系统开展菌类资源收集、保存、评价和利用等基础研究，获得 1.2 万份标本与菌株。其中仅黏菌就报道了 400 余种，占世界已知种的 2/3，发现并命名 36 个黏菌新种，开创了我国黏菌分类学研究的新领域。

　　除此之外，李玉等人还完成《中国真菌志》（第四十五卷·侧耳—香菇型真菌）编研，制作了全球 98% 以上的黏菌分子生物学标本，建成了我国首个菌类种质资源库。

　　由于我国菌物学研究起步晚，与发达国家仍有差距，因此李玉对于人才培养一直牵肠挂肚。

◆ 李玉（左）指导研究团队

　　他和弟子们挑起了建设我国第一个菌物专业的重担，在一堆废旧的物资中拣回了这个专业所需的仪器设备，并较短时间内在吉林农业大学设立了菌类作物自主设置博士授权学科和硕士授权学科。

30 多年来，他累计培养菌物学领域的硕士研究生、博士研究生上百人，大部分已经成长为菌物产业的领军人才或骨干力量。

2019 年，李玉又推动菌物科学与工程专业正式列入国家普通高等学校本科专业目录，成为我国首个菌物类本科专业。

为食用菌产业打好根基

在披荆斩棘的科研道路上，有人问："你们老研究这些菌有什么用？谁关心多一种少一种？就不能研究点儿让百姓挣钱的事吗？"

李玉有些五味杂陈，但也更坚定了信念，"一定要让菌物进入公众的视野，进入科学家的教材，进入大众的读本，进入农民的田间地头，进入企业家的工厂，进入国民经济主战场"。

食用菌是一门既年轻又古老的专业，近年才发展成为大产业。李玉对比了两组数字：1978 年我国食用菌产量才 5.7 万吨，经过 40 多年的改革开放，我国食用菌产量已近 4000 万吨。

如今，中国食用菌产量已占全球 75% 以上，然而，我国是食用菌大国，却不是强国。李玉介绍，目前我国食用菌菌种大多来自荷兰、美国等国，木耳、香菇主要来自日本、韩国，就连加工设备也需要进口。"因此，全产业链创新是迫在眉睫的大事。"

以创新成果为依托，李玉先后主持完成"973""948"科研项目 50 余项，创新和改进了全日光间歇迷雾栽培黑木耳、小孔出耳等 8 项关键技术，颠覆了食用菌需棚室遮光保湿栽培传统理念，解决了北方食用菌发展中的工程技术难题，真正实现了国家"南菇北移""北耳南扩"的食用菌发展战略，促进了菌物科学的发展及食用菌产业化升级。

李玉认为，食用菌产业是"循环经济"发展模式中重要的产业环。他和团队建立起食用菌原生质体制备和遗传转化技术体系，选育黑木耳、玉木耳等广适性品种 45 个；集成创新出两棚制花菇生产、米菇间作、全株高值化利用等 9 项生产工艺，改变了食用菌产业低水平徘徊的局面，产生经济效益达 300 亿元。

他们见证了我国食用菌产业从简陋的地沟、菇棚到花园式的基地；从传统的庭院式生产到现代化的工厂化生产的发展过程。

"食用菌产业是我们的根基，应用真菌学科的昨天、今天和明天都离不开生产一线。"李玉时常对学生说。

国内国外科技扶贫

"小木耳，大产业。"2020 年 4 月 20 日，习近平总书记在陕西省商洛市柞水县小岭镇金米村考察时这样点评。这正是李玉团队对口科技帮扶的成果。

2017 年，由科技部牵线，李玉团队奔赴柞水县开启了科技扶贫行动。团队为柞水选育的 5 个木耳移栽品种都实现了大面积推广，柞水木耳被认定为国家地理标志证明商标和农产品地理标志产品。两年后，柞水县正是依靠木耳产业实现了脱贫摘帽。

此后，为了避免产业总体效益不高、"增产不增收"的情况发生，李玉团队又开始了深加工产品的研发。木耳冰激凌、木耳脆片、木耳菌草茶、木耳益生菌等产品已相继研发成功，在柞水，木耳全链条产品矩阵已见雏形。

"脱贫攻坚完成后还不是终点，我们得继续帮助当地考虑如何转入美丽乡村建设，实现人们对美好生活的向往。"李玉兴奋地表示。

事实上，李玉自2012年起就开始积极投身全国脱贫攻坚事业，吉林汪清、云南澜沧、浙江庆元、山西临县、贵州铜仁、河北阜平……李玉团队在全国40多个贫困县（市）

◆ 李玉在产业基地调研

留下足迹，带领农民精准发展食用菌特色产业，建立食用菌技术推广基地31个，扶持食用菌龙头企业22个，带动上万贫困户依靠食用菌稳固脱贫。

食用菌栽培技术还通过中国援助项目沿着"一带一路"走出国门，到达了赞比亚。李玉团队针对赞比亚高原热带气候特点，集成创新出适宜当地种植的食用菌品种8个和配套生产技术体系，帮助当地人民全年都能吃上蘑菇，更是以食用菌改变了赞比亚的种植业结构和种植面貌。

2020年，习近平总书记在主持召开科学家座谈会时提出，希望广大科学家和科技工作者肩负起历史责任，坚持面向世界科技前沿、面向经济主战场、面向国家重大需求、面向人民生命健康。"习近平总书记的点赞，肯定了包括木耳在内的食用菌产业在国民经济主战场，特别是在国家精准产业扶贫方面发挥的实实在在作用，更是中国食用菌产业迈向全新里程的进军号。"李玉的声音越发铿锵。

中国科协信息中心、科技传播中心供稿

李玉：奏响小蘑菇大产业致富曲

马爱平

"木耳冰激凌、木耳菌草茶、木耳益生菌……"走到哪里，我国食用菌领域唯一的中国工程院院士李玉总是在探讨食用菌的创新。

40多年来，从技术支撑到产业孵育，从科技培训到科技教育，李玉奏响了小蘑菇大产业的脱贫致富曲。

在脱贫攻坚战收官之年，2020年"最美科技工作者"荣誉榜上有李玉的名字。

"美可不是颜值，应该是一颗真正奉献的心。合格的菌物学者和蘑菇人要拥有把蘑菇情结深植生命的修养，为蘑菇事业奉献终生的自觉，在菌类天地间驰骋的自由，让菇农致富奔小康的善良，为国为民创造出应有的价值，打造中国蘑菇特色，使中国的蘑菇事业屹立于世界蘑菇之林。"李玉如此解读"最美科技工作者"称号。

拓荒：从 0 到 1，从 1 到 N

1978 年，从考取吉林农业大学微生物学专业硕士研究生开始，李玉就踏上了菌物研究的拓荒之路。

李玉带领团队，首次建成了全球集食药用、毒、野生为一体的食用菌种质资源全基因数据库，抢占了国际食用菌育种新高地。他们发现的黏菌占世界已知种的 43%，发布新种 100 余个，开创了中国人命名新种的先河，让我国黏菌的研究居世界前列。

他们构建起全国唯一从专科、本科至硕士、博士、博士后较为完整的多层次菌物人才培养体系。2019 年，李玉又推动菌物科学与工程专业列入国家普通高等学校本科专业目录，成为我国首个菌物类本科专业。

科研项目硕果累累，有人却问："你们研究的这些菌能让百姓挣钱吗？"

李玉心中五味杂陈。"一定要让菌物进入农民的田间地头，进入企业家的工厂，进入国民经济的主战场。"

食用菌是一门既年轻又古老的专业。如今，中国食用菌产量已占全球 75% 以上，然而，我国是食用菌大国，却不是强国。

以创新成果为依托，李玉先后主持并带领团队完成"973""863"等国家和省部级项目 50 余项。他们选育黑木耳、玉木耳等广适性品种 45 个；集成创新出两棚制花菇生产、米菇间作、全株高值化利用等 9 项生产工艺，全日光间歇迷雾栽培黑木耳、小孔出耳等 12 项原始创新关键技术，颠覆了食用菌需棚室遮光保湿栽培传统理念，填补多项世界空白，产生经济效益达 300 亿元。

他们见证了我国食用菌产业从简陋的地沟、菇棚到花园式的基地，从传统的庭院式生产到现代化工厂化生产的全过程。

扶贫：让小木耳"变"金耳朵

"小木耳，大产业。"2020 年 4 月 20 日，习近平总书记在陕西省商洛市柞水县小岭镇金米村考察时这样点评。

味鲜、个大、肉厚，柞水县依靠木耳产业实现了脱贫摘帽，这背后离不开李玉团队的支持。

2017 年，由科技部牵线，李玉团队奔赴柞水县开启科技扶贫行动。团队为柞水选育的 5 个木耳移栽品种都实现了大面积推广。

李玉指导农民栽培木耳

"总书记的点赞，肯定了包括木耳在内的食用菌产业在国民经济主战场，特别是在国家精准产业扶贫方面发挥的实实在在作用，是中国食用菌产业迈向全新里程的进军号。"李玉振奋地说。

从 2012 年开始，李玉便投身全国脱贫攻坚事业，扶贫捐款达480 万元。他在国内首次倡导提出"南菇北移""北耳南扩"等食用菌产业发展战略，探索出以"科技专家＋示范基地＋农业技术员＋科技示范户＋辐射带动农户"食用菌"五位一体"科技扶贫新模式。

他与全国 40 余个县市签订扶贫合作协议，每年累计有 260 余天率队躬耕国家贫困县开展科技扶贫，建立食用菌技术推广基地 31个，扶持食用菌龙头企业 22 个。

"脱贫摘帽不是终点，而是新生活、新奋斗的起点。在脱贫攻坚之后的美丽乡村建设中，我们一定要继续发挥科研成果对生产的推动作用，使农民朋友的生活更加美好。"李玉坚定地说。

《科技日报》2021 年 1 月 7 日

最美科技工作者

陈厚群

ZUIMEI KEJI GONGZUOZHE

追梦人生

——记水工抗震专家、中国工程院院士陈厚群

陈厚群，我国水工抗震学科奠基人和开拓者，享誉中外的水工抗震专家，现为中国水利水电科学院教授级高工，中国工程院院士，曾任中国工程院土木、水利与建筑工程学部主任和主席团成员，获全国先进工作者、五一劳动奖章、何梁何利基金科学与技术进步奖、光华工程科技奖、全国水利系统特等劳模、全国地震科技工作先进个人、中央国家机关优秀共产党员、国际大坝委员会终身成就奖、最美水利人、最美科技工作者等荣誉。

亲历新旧中国的巨大变迁，胸怀强烈的爱国爱党热情。1932年5月，陈厚群出生于江苏无锡，国仇家恨激发起他强烈的爱国报国热忱。1950年，他考入清华大学土木系。1952年公派至莫斯科动力学院留学，成为新中国早期留学生。1956年，留学期间加入中国共产党，成为留苏学生中第一批党员。1957年，他在莫斯科大学礼堂亲耳聆听了毛主席"希望寄托在你们身上"的著名讲话，更加坚定了他科技报国的初心。1958年以全优成绩毕业，带着"绝不能辜负国家和人民培养"的使命感，婉谢了导师的一再挽留，回国投身"一五"建设并主动申请到桓仁水电站锻炼，身负重伤，心系工作，被誉为电站工区的一面红旗。

潜心研究六十余载，防范地震重大风险，保障我国水库大坝安全。1959 年，广东新丰江发生水库地震，他临危受命，负责组建水工抗震研究团队。历经 60 多年探索，创建国内外唯一集理论、分析和设计为一体的高坝抗震学科和人才培养体系。主持"300m 级高拱坝抗震技术问题"等一系列国家重点攻关项目，在水工结构抗震理论、分析方法和工程应用等方面取得多项领先成果，攻克了一大批水工抗震世界级难题，为国家能源、水资源和高坝大库安全作出了突出贡献。获国家和省部级奖励 30 余项，1995 年当选工程院院士。2018 年，团队自主研发的高性能并行"云计算"大坝抗震分析软件，获水利水电行业唯一国家超算天津中心"天河应用创新优秀奖"。

主编首部水工抗震国家标准，大坝抗震研究设计从零起步到引领世界。为填补我国水工抗震设计空白，1972 年他担任主编，用时 5 年制定出我国第一部水工建筑物抗震设计规范，被高坝抗震设计者奉为"宝典"。2011 年起，他再次担纲，历时 7 年将行业标准升级为国家标准，成为唯一由科研单位主编的水利水电行业设计规范。2008 年汶川大地震，震区所有大坝经受住了强震考验，紫坪铺等 4 座高度超过 100m 的大坝主体巍然屹立，充分验证抗震设计标准的科学性和有效性。其研究成果从跟跑、并跑到引领世界，目前已广泛应用于"一带一路"国家的水库大坝抗震安全研究和设计。

建成国际先进实验平台，被誉为"世界最佳坝工抗震试验设备"。为突破我国地震研究能力的瓶颈，1980 年起，他带领团队建置大型振动台，历时 7 年建成国内首座三向六自由度宽频域振动台，美国国家科委专著评价其为"世界最佳坝工抗震试验设备"。1990 年，结构振动实验室被中科院纳入开放研究实验室，实现跨地区和行业的"产学研用"联合攻关。获地震安全性评价甲级资格，个人和团队分获全国地震科技工作先进者称号。

牢记"地震就是命令"，为国家抗震救灾作出了重要贡献。始终保持一名抗震老兵的本色，第一时间奔赴震险现场，为国务院决策提供关键技术支撑。1976 年唐山大地震，他主动请缨直奔陡河水库震害现场，连夜起草报告上报国务院；2008 年，作为国务院汶川地震抗震救灾专家委员会成员，在深入调研分析基础上，科学阐明汶川大地震与紫坪铺蓄水、三峡蓄水无关。在 2018 年汶川大地震十周年"高坝大库抗震国际研讨会"上，他再次受邀作主旨报告分享最新研究成果。

向世界讲好中国水故事，引领大坝抗震走向国际舞台中央。他在多个国际组织担任重要职务，依托国际大坝委员会等平台，大力推广我国成果，倾情讲好中国水工抗震故事，提升国际影响力，推动中国标准走出去。发表多份高水平主旨报告，在世界范围引发广泛和持久关注，开启一系列卓有成效的交流合作。1982 年起，主持中美大坝抗震近 20 年的科研合作项目，其间关于东江拱坝的现场试验研究获国家科技进步二等奖。成功推荐合作专家克拉夫教授当选中国工程院外籍院士。2011 年荣获国际大坝委员会终身成就奖。2016 年，著作《高拱坝抗震安全》被译成英文，经爱思唯尔出版社在世界各地发行。

耄耋之年担纲大国重器专家组长，为水安全贡献智慧。2011

年，年逾八旬的他勇挑南水北调专家委员会主任的重任，50 余次带领专家团队遍访工程现场，进行质量检查和技术指导，保障南水北调工程的高质量建设，保证了一泓清水向北流。2012 年，他再次出任三峡工程质量检查专家组组长，数十次带领专家组深入工程现场，提出数百条建议，保障三峡工程安全高效建设与运行，其中仅三峡升船机的抗震设计等级一项建议，就为国家节省十几亿元。

"淡泊名利、甘于奉献、为人谦逊、注重团队"，是大家对他的一致评价。为实现"建设一个伟大强盛的祖国"的夙愿，矢志不渝、"努力全心全意为党的科技事业作奉献"，追梦不止，探索不息，将论文写在祖国的江河湖泊、高坝大库。

中国科学技术协会宣传文化部供稿

祖国富强是我追梦人生的夙愿

88 岁的中国工程院院士、中国水利水电科学研究院工程抗震研究中心原主任陈厚群已退休多年，仍担任着三峡枢纽工程质量检查专家组组长和南水北调工程专家委员会主任，负责三峡枢纽工程的质检工作和南水北调工程的咨询工作。

青山在，人未老，不曾停歇的陈厚群当选 2020 年"最美科技工作者"。岁月增，志愈坚，"只要祖国需要，甘愿到任何地方"——这是陈厚群发出的铮铮誓言。

一切献给水利事业

60 多年投身水利水电科学研究，陈厚群一直抱有攻坚克难的坚定信心，他始终记得要报效国家，要干一行爱一行。

爱国心是驱动力，敬业精神是做好工作的前提。陈厚群认为，有了这两点，遇到苦难，只要虚心勤奋学习，善于认真思考，就能把知识变成解决问题的力量。

20 世纪七八十年代，大坝、核电站等复杂结构重大工程的抗震问题，计算分析难度较大。世界各国都把结构动力试验作为重大工程结构抗震设计的重要依据，大型模拟地震振动台是进行这类模型动力试验的主要设备。1980年，经水利电力部批准，陈厚群作为负责人承担了建置大型模拟地震振动台的任务。

为了完成这项建置工作，他对世界各国已建的大型三向地震模拟振动台的技术指标、运行情况、存在的问题、生产厂家和设备价格进行了调查，并根据大坝、核电站等复杂结构重大工程的抗震试验要求须具备的技术指标提出了可行性论证报告。1987年，我国最大的、具有世界先进水平的5m×5m电液伺服式三向六自由度宽频域模拟地震振动台顺利建成，在美国国家科技委员会资料中，其被誉为"世界最佳的坝工抗震试验设备"。

为填补我国水工抗震设计空白，1972年，陈厚群担任主编，用时5年制定出我国第一部水工建筑物抗震设计规范，被高坝抗震设

◆ 陈厚群（右二）与国际知名学者 Clough 教授等在中美合作大坝抗震试验工地

计者奉为"宝典"。2011 年他再次担纲，历时 7 年将行业标准升级为国家标准。2008 年汶川大地震，震区所有百米以上大坝经受住了强震考验，紫坪铺等 4 座高度超过 100m 的大坝主体巍然屹立，充分验证抗震设计标准的科学性和有效性。

老骥伏枥　壮心不已

南水北调是解决我国北方水资源短缺问题的重大战略工程，是功在当代、利在千秋、惠及子孙后代的重大工程。

自 2011 年挑起南水北调工程专家委员会主任的重任以来，陈厚群带领专家团队遍访工程现场 50 余次，对工程进行质量检查和技术指导，保障了南水北调工程的高质量建设，保证了一泓清水向北流。

◆ 2011 年，陈厚群获国际大坝委员会终身荣誉奖

"能亲身参与到南水北调工程建设管理中，并贡献一分微薄之力，我感到十分荣幸。"陈厚群说。

三峡工程是迄今为止世界上规模最大的水利枢纽工程和综合效益最广泛的水电工程。2012年，陈厚群出任三峡工程质量检查专家组组长，数十次带领专家组深入工程现场，提出数百条建议，保障三峡工程安全高效建设与运行，其中仅三峡升船机的抗震设计等级一项建议，就为国家节省十几亿元。2020年11月，水利部、国家发改委发布，三峡工程完成整体竣工验收全部程序。

"这是一个质量总体优良、工程综合效益非常显著的工程，全体参建人员从上到下齐心合力、精益求精，创造了很多世界之最。"陈厚群自豪地说道，三峡工程是世界一流的、彪炳千秋的工程。

没有"最美" 只有"更美"

2020年是特殊的一年，除了三峡工程和南水北调的相关工作，陈厚群说，他还做了两件非常有意义的事情。

针对高坝抗震问题，他敢于挑战国际上若干权威性的理念和方法，并在中美合办的英文版《地震工程与工程振动》上发表文章，表明观点。此外，针对我国现行重力坝、拱坝规范中在分项系数的概念和取值上不一致问题，陈厚群又在《中国水利水电科学研究院学报》上作了澄清和建议，并引起相关部门的重视。经有关部门研讨后采纳了陈厚群的观点建议，问题得以解决。

当选2020年"最美科技工作者"，陈厚群颇为感慨。"'最美科技工作者'活动充分体现了党和国家对广大科技工作者的关心爱护和鼓励，但我们一定要清楚，这也是国家对我们的期盼和要求——希望我们能够在当前百年未有之大变局，发挥科技创新的巨大作用。"

陈厚群认为，"最美科技工作者"的"美"是相对的，是动态的，是发展的。"'美'没有止境，没有'最美'只有'更美'，所以我还会要求自己尽心尽力做得更好。"

"我虽已届耄耋之年，但作为一名共产党员，我会一直按照入党誓词，积极工作，为共产主义奋斗终身。"陈厚群说，"尽管自然规律不可抗拒，随着年龄增长，体力和精力已很有限。至少我还可以为培育年轻人而努力，即使已不足以为他们铺路架桥了，至少也应尽到添砖加瓦的责任，为他们能成为'更美科技工作者'而继续贡献绵薄微力。"

"从年轻到现在，我一直渴望我们的祖国能成为一个被平等对待，不再受欺凌压迫的富强国家。"陈厚群说，这是他追梦人生的夙愿，他对祖国美好未来充满信心。

中国科协信息中心、科技传播中心供稿

最美科技工作者陈厚群：
把论文写在大坝上

唐　婷

　　一头银发、身型高瘦，眼前这位谦和儒雅的长者是 2020 年"最美科技工作者"称号获得者、中国工程院院士陈厚群。离约好的采访时间还有 10 分钟，他已经提早来到办公室等候。

　　"我现在已是奔九十的年纪了，回望过去的岁月，我把自己的人生称为追梦人生。从年轻时到现在，建设一个伟大强盛的祖国是我一生的夙愿。只要祖国需要，我随时准备出发。"陈厚群饱含深情地说道。

　　60 多年来，秉持科技报国的初心，陈厚群潜心从事水工抗震科学研究，主持了一系列国家重点攻关项目，带领团队攻克了多项高坝抗震领域难题，将论文书写在祖国的江河湖泊、高坝大库上。

边干边学开拓大坝抗震研究

　　20 世纪 50 年代末，从苏联学成归来的陈厚群带着满腔热情投入新中国的建设中。参加工作没多久，他就碰上了一个非常棘手的难题。

1959 年，广东省河源县新丰江水库蓄水后，频繁发生地震。这是当时国内首次遇到水库地震问题，国外相关资料也不多，各方都十分重视。

考虑到大坝抗震安全研究的重要性，中国水利水电科学研究院决定建立抗震研究组，指定由陈厚群负责筹建，并要求立即结合新丰江大坝的抗震加固开展研究。从此，陈厚群就和水工抗震结下了不解之缘。

"事实上，水工抗震是一门涉及众多专业的交叉边缘学科，无论是在清华还是在苏联求学期间，我都没有专门学习过这方面知识，所以当时感到很困难，也很焦虑。"陈厚群回忆道。

面对国家需要，陈厚群选择迎难而上。本着"边干边学，在干中学，从战争中学习战争"的精神，陈厚群恶补相关知识，千方百计向有关人员请教学习，以求能尽快入门。

针对新丰江水库地震开展的相关研究开启了我国系统研究大坝抗震安全的先河。由此，陈厚群和团队成员一道亲历了我国大坝抗震研究从启蒙到追赶，从跟跑到并跑，再到某些方面可以达到世界领先水平的全过程。

主编首部水工抗震国家标准，填补我国水工抗震设计空白；建成国内首座三向六自由度宽频域振动台，被国际同行评价为"世界最佳坝工抗震试验设备"；建立工程抗震研究中心，开展"300 米级高拱坝抗震技术问题"研究；研发高性能并行"云计算"大坝抗震分析软件，获"天河应用创新优秀奖"……一路走来，陈厚群和团队成员在水工抗震领域攻克了一道道难题，收获了丰硕的成果。

耄耋之年担纲大国重器专家组组长

1995 年，63 岁的陈厚群本以为即将告别自己的科研生涯。在新加坡探望女儿期间，一个电话改变了他的人生轨迹。

"电话里，我得知了自己当选中国工程院院士的消息。这对我来说，意味着新的使命和更大的责任。"陈厚群回忆道。

当选院士后的 20 多年来，陈厚群加倍勤勉地投入他挚爱的科研工作中。在他看来，这 20 多年是他科研生涯中产出最为集中的一段时期，大概 2/3 的科研成果出自这段时间。

南水北调工程是解决我国北方水资源短缺问题的重大战略工程。2011 年，年逾八旬的陈厚群勇挑南水北调工程建委会专家委主任的

● 陈厚群（前排左一）参加南水北调中线穿黄隧洞工程通水运行情况调研

重任，多次带领专家团队走访工程现场，进行质量检查和技术指导，保障南水北调工程的高质量建设，确保一泓清水向北流。

2012 年，陈厚群又担任三峡工程质量检查专家组组长，数十次带领专家组深入工程现场，提出数百条建议，为三峡工程安全高效建设与运行殚精竭虑。其中，关于三峡升船机的抗震设计等级建议，为国家节省了十几亿元资金。

"能参与到南水北调工程和三峡工程的建设中，贡献一份微薄之力，我感到十分荣幸。担任专家组组长以来，我一直深感责任重大，时常有如临深渊、如履薄冰之感。"陈厚群说。

美无止境，没有"最美"只有"更美"

2020 年是特殊的一年。受新冠肺炎疫情的影响，一些现场调研的工作难以开展。居家办公的日子里，陈厚群做了两项他认为很有意义的科研工作。

"针对高坝抗震领域一些有争议的问题，我提出了与目前国际上权威理念和方法相左的一些观点，并形成论文。"陈厚群介绍，这篇论文经过严格审核后发表在中美合办的英文版《地震工程与工程振动》上。

此外，针对我国现行相关规范中坝体混凝土的强度分级、结构抗力标准值等存在不一致的问题，陈厚群在《中国水利水电科学研究院学报》上作了澄清和建议，并引起相关部门的重视。经有关部门研讨后，陈厚群的观点建议被采纳。

谈及对"最美科技工作者"的理解时，陈厚群表示，评选"最美科技工作者"活动充分体现了党和国家对广大科技工作者的关心爱护和鼓励，但科技工作者一定要清楚，这也是国家对大家的期盼和要求——希望广大科技工作者能够在当前百年未有之大变局下，发挥科技创新的巨大作用。

"'最美科技工作者'的美是相对的、是动态的、是发展的。美没有止境，没有'最美'，只有'更美'。所以，我还将尽心尽力做得更好。"陈厚群由衷地说。

《科技日报》2021 年 1 月 13 日

最美科技工作者

ZUIMEI KEJI GONGZUOZHE

胡　郁

代表中国走出新"声"路

—— 记国家"863 类人智能项目"首席专家、
原科大讯飞股份有限公司董事、轮值总裁胡郁

胡郁，自 1997 年以来一直从事智能语音及人工智能核心技术研究工作，助力科大讯飞成为国际智能语音及人工智能领军企业，引领人工智能行业实现商业化落地和生态体系建设，并积极推进创新成果的应用转化。

参与重大科研攻关，为行业作出开创性贡献

胡郁作为主要完成人参与多项国家"863"、自然科学基金、省部级等层面重大科研攻关项目，分别荣获国家信息产业重大技术发明奖、国家科学技术进步二等奖各两次，并多次荣获省部级科技奖励，其在国内外核心期刊和重要国际会议上发表 70 余篇学术论文，申请发明专利 210 项。作为国内智能语音及人工智能技术奠基人，为行业整体技术发展作出了开创性的贡献。2019 年 8 月以胡郁牵头

并担任首席专家，联合 29 家单位共同承担的我国面向类人智能前瞻研究的首个国家级科研攻关项目"类人答题验证系统"已通过科技部验收，综合评价 A 级。

荣获多个奖项

胡郁整体负责科大讯飞核心技术发展，带领科大讯飞研究院在语音合成、语音识别、语义理解、口语评测、多语种机器翻译、图像识别等方面不断取得突破。胡郁带领团队近年来获得的成就如下：

语音合成技术。2006 年首次参加国际权威比赛 Blizzard Challenge 获得第一名，至 2019 年保持十四连冠，2002 年中文、2008 年英文首次超过人类水平。

语音识别技术。2015 年首次超过人类速记员，国际权威比赛 CHiME 2016-2020 连续三届冠军。

机器翻译技术。2014 年首次参加 IWSLT 国际口语机器翻译评测比赛获得第一名，2018 IWSLT 第一名。2021 年在同声传译任务中包揽三个赛道的冠军、是继 2018 年之后再次用实力展示了在语音翻译和机器同传领域的前沿水平。

机器口语评测技术。2008 年中文口语评测首次达到人类专家水平，2012 年英文口语评测首次达到人类专家水平。

声音定位与检测技术。DCASE 2020 Task3 冠军。

常识推理技术。2016 Winograd Schema Challenge 第一名。

知识发现技术。2016 NIST TAC Knowledge Base Population -KBP 第一名。

机器阅读理解技术。2019 SQuAD2.0 第一名，精准匹配率、模糊匹配率全部两项指标均超过人类平均水平。

机器阅读理解技术。2018 SemEval 第一名；2019 Question Answering in Context 第一名；2020 HotpotQA 第一名。

作文自动评阅技术。2018 Chinese Grammatical Error Diagnosis 第一名。

语义评测技术。2019 Math Question Answering 第一名。

图文识别。2018 ICPR MTWI 三项第一名。

医学影像。2017 Lung Nodule Analysis 第一名；2018 IDRiD 眼底图分析竞赛 MA 分割任务第一名。

图像语义分割。2017 首次参加国际自动驾驶领域权威评测集 Cityscapes 获得第一名，2018 再获第一名。2021 年，凭借在道路目标检测领域多年的探索，刷新了 Cityscrapes 3D 目标检测任务的全球最好成绩。

手势识别。2020 The 20BN-Jester Dataset 手势识别评测第一名。

人工智能翻译系统全球首次通过翻译专业资格（水平）考试。

《面向语音语言新一代人工智能关键技术及开放创新平台》荣获安徽省 2019 年科技进步奖一等奖。

此外，由胡郁牵头开发的"新一代语音翻译关键技术及系统"荣获 2019 年国内人工智能领域最高规格大会的官方奖项 SAIL 奖（Super AI Leader）应用奖等。SAIL 奖应用奖、与中科大陈恩红团队共同完成的项目"面向智能教育的自适应学习关键技术与应用"，荣获吴文俊人工智能科技进步奖一等奖，该项目在大数据和人工智能方面取得的技术突破，有利于改变千人一面的教育现状，强力支撑因材施教、优化教学模式，极大提高学生学习效率。该奖项也被誉为"中国智能科学技术最高奖"，代表着人工智能领域的最高荣誉。

带动创业增收

面对全球人工智能热潮的兴起，胡郁在国内牵头建立的人工智能开放创新平台持续为创业者和开发者提供具有全球领先的人工智能能力，让所有创业者零成本、低门槛进行创新创业。截至2021年10月，开发者总数超过262万人，累计总终端设备数超过33亿，总应用数超过128万，围绕科大讯飞建立的国家新型工业化示范基地"中国声谷"入驻企业超过200家，已形成了覆盖人工智能技术研发、基础平台、物联网、智能硬件等完整产业链，在移动互联网、教育、智能客服、智能家居、智慧医疗等行业取得了良好的经济效益和社会效益。近3年累计新增销售收入1970亿元。

积极承担社会责任，为打赢疫情防控阻击战
作出贡献

在新冠肺炎疫情期间，胡郁作为轮值总裁在科大讯飞公司内快速行动，积极承担社会责任，一方面从世界各地紧急筹措疫区紧缺医疗物资，支持一线疫情防控战；另一方面作为人工智能"国家队"，在医疗、教育、司法、政府服务、客服和运营商等领域，利用企业自主可控的人工智能技术和产品助力疫情防控。为在党中央坚强领导下坚决打赢疫情防控阻击战作出应有的贡献，具体来说：

在医疗领域，胡郁带领团队开发"智医助理"产品，在线分析基层门诊病历，从发热、咳嗽、呼吸困难、流行病学史（武汉相关史）、影像学、血常规 6 个维度进行病历内容挖掘分析，筛选发热患者、发热伴咳嗽、呼吸困难患者、流行病学史阳性患者等。1 月 25 日以来，每天持续提供病历分析报告给安徽省卫健委相关处室，供决策和参考。同时，智医助理上线和持续更新新冠肺炎诊疗知识库和 AI 辅诊能力，辅助安徽省上万名基层医生进行新冠肺炎的诊断和防控。面向启动重大突发公共卫生事件一级响应的省市地区，科大讯飞智医助理电话机器人支持新型冠状病毒感染的肺炎疫情的重点人群筛查、防控和宣教，安徽、北京、浙江、吉林、湖北等 30 个省市地区各级卫健委、基层医生充分利用智医助理电话机器人给居民打电话、发短信，宣传与新冠肺炎相关的防控知识及对重点人群进行随访。同时，胡郁和团队建设新冠肺炎影像辅助诊断平台，4D 对比分析 + 多模态辅诊 3 秒即可完成一例患者新冠肺炎辅助诊断，阳性病例全召回，病灶召回率达到 90%，为医生提供准确、高效的辅助诊断参考。

在教育领域，胡郁积极响应教育部"停课不停教、不停学"的号召，在讯飞公司内建立专项工作组，制定智能教学助手、智慧空中课堂、同步课后作业等解决方案，其中智慧空中课堂（线上直播教学系统）以互联网为媒介，构建在线课堂，实现远程授课，师生可进行实时课堂互动，还原课堂情景，把课堂送到家。目前科大讯飞已先后在湖北省武汉、襄阳、荆州、孝感、黄冈等 13 个地级行政区提供人工智能教育产品和服务。胡郁结合讯飞公司资源和实际应用场景，制定了直播录播教学 + 作业 + 学习资源 + 人工智能自主学习平台＋校信工具的主推方案，着重满足区域教、学、管以及毕业班讲评辅导的需求。自 2 月 10 日以来，科大讯飞"停课不停学"在线教学解决方案已完成 6500 多所学校的部署及课前培训。随着各地线上教学的不断开展，科大讯飞将持续提供技术及人力支撑保障，确保各校教学工作顺利进行。

在智慧城市领域，胡郁带领团队在安徽省政务服务网和"皖事通"App 开发上线了"安徽省新型肺炎疫情防控专题"，群众可进行自我风险评估和查询确诊患者行程，并第一时间发布疫情信息、防控通知、医疗救治定点医院信息、健康科普知识等内容。胡郁带领讯飞公司承建了安徽的"安康码"数字服务，在安庆、淮北、黄山、阜阳、蚌埠、淮南、池州、宣城、六安、铜陵、宿州、滁州、合肥、亳州、芜湖、马鞍山等全省各市分厅上线使用。"安康码"自 2 月 18 日上线至今，申领人数已达 5583 万，亮码 3.1 亿次，核验 2.1 亿次，切实保障群众的日常生活和企业复工复产。

此外，胡郁主导研发的讯飞听见 L1 远程会议系统助力远程办公，向所有用户免费开放视频会议、转写翻译服务，目前已服务超100 万人次；主导研发的讯飞翻译机，在社区、海关、隔离点帮助基层工作人员进行对外交流，严防境外新冠肺炎病例的输入。

中国科学技术协会宣传文化部供稿

"最美科技工作者"胡郁：
代表中国走出新"声"路

　　"我们不仅要研究中国人的语言，还要研究全世界的语言。"多年以前，国家"863类人智能项目"首席专家、科大讯飞股份有限公司轮值总裁胡郁就显示出作为一名企业家的"野心"。

◆ "863类人智能项目"汇报

"20世纪90年代，人工智能语言在国内鲜被关注，我们是向西方学习。进入21世纪，我们慢慢掌握了研究方法，接近甚至赶超世界先进水平，"胡郁感慨道，"以前我们是摸着别人的石头过河，现在要摸着自己的石头过河。"

对于2020年"最美科技工作者"称号，胡郁表示，自己只是做了一些微不足道的事情，能够获得这份荣誉，是国家对科技工作者的高度重视。科学家受尊重，创新才能蔚然成风。

走别人没走过的路

1999年11月11日，6位中国科学技术大学的学生因为成功研制出了我国第一台"能听会说"的中文电脑，从而获得总计668.85万元的技术股权。他们成为首批拥有百万资本的在校大学生。

这6位学生中，只有3位本科生，胡郁就是其中之一。自此，除了学生身份以外，胡郁还多了一个身份——安徽中科大讯飞信息科技有限公司研究员，从事语音合成专项技术研究。

那时的胡郁有两个心愿：一是研发的技术能够转化为产品；二是产品的所有研究和产业化都由团队自己开发。

如今，胡郁已经在人工智能核心技术研发道路上深耕20多年，在他看来，目前我国人工智能语音技术已经可以与世界先进水平并驾齐驱。"今后，我们必须更加重视用自己的技术，结合广阔的市场，走出一条跟别人不一样的路。"

对于如何实现这条路，胡郁坚持3个创新：一是实现源头核心技术创新，要掌握世界上最先进的核心技术的研究方法；二是实现产品创新，要将技术与用户的最终需求相结合，生产人工智能技术驱动的产品；三是实现商业模式的创新，发掘适合企业发展的模式。最终还要将这 3 种创新紧密结合起来。

创新之路很难一帆风顺，每当遇到科研难题时，胡郁总是想起老一辈科学家，他们将国家事业当成人生使命，他们不计得失、一心奉献的家国情怀时常激励着他。

胡郁认为，作为科研工作者，首先，要有远大的抱负和理想；其次，要用科学的态度和方法去做研究；此外，还要把科研作风、学风摆到重要位置。

近年来，中国科协每年都与教育部、中国科学院等单位一起开展科学道德和学风建设宣讲教育活动。诚信的科研品行、踏实严谨的工作作风，是培养科研人才的基础。

对此，胡郁深有同感。"科学研究必须一丝不苟，来不得半点弄虚作假，所有严谨的研究工作都需要原创精神"，他说，追求脚踏实地的态度和开展高水平的研究同样重要，这不仅关乎一个科学家自身的成败，还可能影响整个团队走多远、走多稳。

科学家办企业要"顶天立地"

如今，科大讯飞已经成为国际智能语音及人工智能领军企业，引领人工智能行业实现商业化落地和生态体系建设，并积极推进创新成果的应用转化。胡郁也分别荣获国家科学技术进步奖二等奖、国家信息产业重大技术发明奖各两次，多次荣获省部级科技奖励，申请发明专利 210 项。

　　这些耀眼的荣誉背后，有着科学家和企业家双重身份的胡郁深知，从技术到产业的道路异常艰辛。

　　好在经过多年的探索，他还是找到了打通从实验室到产业化"最后一公里"的"金钥匙"——科学家头脑和企业家头脑相融合。

　　在胡郁看来，科学家擅长发现规律、创造发明，而企业家能够抓住市场需求。"两者的共性是持之以恒、追求卓越，不同的是，做研究要追根溯源，而做企业要洞察商业规律。"

◆ 把最新的科技成果转化为现实生产力

　　要将发明创造和需求对接起来，就是要把科学家精神和企业家精神结合起来，按胡郁的话说，就是要"顶天立地"。"'顶天'是技术顶天，做世界一流技术；'立地'是产业立地。"胡郁解释，"换一种说法，顶天是指要满足国家战略需求，人工智能是国家战略中非常重要的环节，我们不能输给别人；而立地是指要满足我们的日常生活需求。"

科大讯飞正是在这一精神内核的指引下，一次次把最新的科技成果转化为现实生产力，并拥有源源不断的创新活力。

国家有难，为社会站好岗

2020 年年初，面对突如其来的新冠肺炎疫情，作为一名负责任的企业家和科学家，胡郁提醒自己，必须做点什么。

一方面从世界各地紧急筹措疫区紧缺医疗物资，支持一线疫情防控战；另一方面作为人工智能"国家队"，在医疗、教育、司法、政府服务、客服和运营商等领域，利用企业自主可控的人工智能技术和产品助力疫情防控。

在医疗领域，胡郁带领团队开发"智医助理"产品，在线分析基层门诊病历，从发热、咳嗽、呼吸困难、流行病学史（武汉相关史）、影像学、血常规 6 个维度进行病历内容挖掘分析，筛选发热患者、发热伴咳嗽、呼吸困难患者、流行病学史阳性患者等。

同时，胡郁还和团队研发了新冠肺炎影像辅助诊断平台，4D 对比分析＋多模态辅诊，3 秒即可完成一例患者新冠肺炎辅助诊断，阳性病例全召回，病灶召回率达到 90%，大大提升了医生的工作效率。

在教育领域，胡郁带着团队积极响应教育部"停课不停教、不停学"的号召，结合科大讯飞资源和实际应用场景，制定了"直播录播教学＋作业＋学习资源＋人工智能自主学习平台＋校信工具"的主推方案，着重满足区域教、学、管以及毕业班讲评辅导的需求。

胡郁也一直关注着青少年的科学教育问题。"教育最重要的两个环节是科学素养和人文精神，只有在国民科学素质培养和人文素质修炼紧密融合的大环境下，才能培养出新一代的小科学家、小工程师，我们整个民族才有更多的希望，更有可能带领社会向前迈进。"

国家有难，不计得失。在抗疫战场，"为社会站好岗"的使命担当，诠释了一位科技企业家的初心和使命。胡郁说，他不过是做了普通科技工作者的分内之事。

中国科协信息中心、科技传播中心供稿

胡郁：助力中国人工智能顶天立地

刘园园

一身深蓝西装，头发中夹杂着灰白，既有科研工作者的气息，又带着企业管理者的范儿——无论哪种，都没什么架子。

他是胡郁，科大讯飞股份有限公司轮值总裁，"2020 最美科技工作者"中一位来自企业的获奖者。

"我只是做了一些微不足道的事情，我能获得这个称号，更加说明国家对科技工作者的重视。"谈起获奖，胡郁谦虚地说。

科学家 + 企业家头脑

在人工智能界，胡郁的名字是响当当的。他的经历，充分融合了科研工作者与企业管理者两种角色。

要说做科研，1997 年以来，胡郁一直从事智能语音及人工智能核心技术研究工作，多次作为主要完成人参与国家和省部级重大科

研攻关项目，两次荣获国家科学技术进步二等奖。

要说做企业，胡郁在科大讯飞取得的核心技术基础上，积极推进人工智能技术的商业化落地和生态体系建设，助力打造智能语音及人工智能领军企业。

胡郁说，二者相似之处是都需要持续投入，在拥有坚定信心的同时不断深入挖掘。

至于两种角色的不同，胡郁也体会颇深。

胡郁解释说，从研究角度，我们希望做得越基础越好，应用越广泛越好。从企业技术突破的角度，我们需要找到市场上最需要的产品，把很多技术集中在一起，在某个产品或某项技术上实现突破。

"这个过程中需要科学家头脑和企业家头脑的融合。"胡郁说，科学家擅长发现规律、发明创造；企业家能够看到市场上的需求、洞察商业规律。要平衡这两种角色，需要把发明创造和洞察市场需求结合起来。

人工智能应顶天立地

"在做关键技术研究和产业化过程中，我们意识到要实现几个创新的结合。"胡郁提到了 3 种创新。

第一种是源头关键技术创新。胡郁认为，技术不断往前发展，人工智能经过 60 多年的发展日新月异，我们要掌握世界上最先进关键技术的研究方法。

第二种是产品创新。他分析说，整合用户需求后，就需要推出具体的产品。源头关键技术创新需要的是科学家，产品创新过程中需要工程师和产品经理。

第三种是商业模式的创新。胡郁认为，不同商业模式会产生完全不同的结果，商业模式创新是由企业家、做商业模式分析的人来发掘的。

"把 3 种创新结合在一起，最后才能形成比较完善的解决方案，才能做成世界上最好的东西，而不是变成单一研究所或单一劳动密集型企业。"胡郁说。

科大讯飞的发展理念叫"顶天立地"。在采访中，胡郁专门对此进行了解释。

"'顶天'是技术顶天，技术要做就做到世界上第一流。'立地'是指产业发展，因为技术'顶天'而产品不'立地'很难在市场上生存下来，所以我们讲技术'顶天'，产品'立地'。"胡郁说。

他又补充说，"顶天"还指满足国家战略，人工智能是国家战略中非常重要的环节，中国在这个环节不能输给别人。"立地"，也指满足人们日常生活中各种需求。二者相辅相成。

科研企业要有"野心"

胡郁曾说，新一代科研企业要有"野心"。

"我说的'野心'是指要有很高的追求。解决问题的方法不再是跟着别人学，而必须找出自己的道路和方法。"胡郁认为，这就相当于原来沿着别人的路走，现在要自己摸着石头过河，而两者是不一样的。

"只有足够高的目标和追求，才能实现最好的技术和科研。"胡郁强调说。

作为来自企业的科学家，在带领企业发展时也有着不一样的使命感。

在胡郁看来，中国经过几十年的发展，现在有机会在世界舞台上同最先进的国家进行竞争。在这一过程中，需要利用自己掌握的最先进知识，结合市场需求，走出一条产学研结合的道路。

"我们希望达到的目标，是让中国真正顶天立地的科学技术、产品、商业模式，能够真正到整个大的市场中竞争、到国际市场上竞争，这是我的想法。"胡郁说。

《科技日报》2021 年 1 月 4 日

最美科技工作者

ZUIMEI KEJI GONGZUOZHE

李　东

十年磨一"箭"

——记长征五号系列运载火箭总设计师李东

　　李东，研究员，中国航天科技集团有限公司所属中国运载火箭技术研究院火箭专家，从事过多个运载火箭型号的研制，长期致力于我国新一代大推力运载火箭的研制，现担任我国运载能力最强、技术最复杂的长征五号系列运载火箭总设计师。

　　长征五号运载火箭是我国新一代无毒无污染大推力运载火箭。是我国首个采取 5 米直径芯级的火箭，采用"两级半"火箭构型，捆绑 4 个直径 3.35 米的助推器，全部采用液氢、液氧、煤油等无毒无污染推进剂；火箭全长近 57 米，起飞重量约 870 吨，起飞推力超过 1000 吨，地球同步转移轨道（GTO）运载能力达 14 吨，是目前我国运载能力最大的火箭。长征五号运载火箭直接服务于我国探月工程三期、载人空间站建设、火星探测等重大专项任务，也可用于不同地球轨道大型载荷及其他深空探测任务载荷的发射，同时为未来重型运载火箭研制奠定了良好的基础，是我国由航天大国迈向航天强国的重要标志。

　　李东长期致力于运载火箭技术研究和长征五号火箭研制。1989年，李东进入中国运载火箭技术研究院总体设计部攻读硕士研究生，毕业后加入总体设计部从事火箭总体设计工作，历任工程组组长、副主任设计师、主任设计师、副总设计师等职务，2006年长征五号运载火箭正式立项开展工程研制，李东任型号总设计师，率领技术团队历经10年研制，突破了以大直径箭体结构设计制造与试验、三型大推力发动机等为代表的十二大类247项关键技术，解决了复杂力热环境、大质量多干扰分离、大推力火箭发动机燃烧不稳定抑制及低温POGO抑制等世界性难题，掌握了一批具有自主知识产权的新技术，长征五号火箭于2016年11月3日成功完成了火箭首飞，其运载能力、运载效率等重要性能指标均居世界前列。

　　主持长征五号火箭研制期间，李东提出并完善了新一代运载火箭发展思路：确定了以提升我国进入空间的能力为目标，瞄准国际主流运载发展水平、提升国际竞争力为发展方向；以"一个系列、两种发动机、三个模块"为技术途径；坚持"无毒、无污染、低成本、高可靠、适应性强、安全性好"的原则；通过大直径结构和大推力发动机来提高火箭运载能力；采用无毒无污染的推进技术实现火箭绿色环保；通过可靠性设计，减少级数、电器系统冗余等技术来大幅度提高可靠性。从顶层设计和总体技术方案全面提升我国运载火箭的能力和水平。

　　面对长征五号火箭"两多""两大""两新""一同步"的研制特点，即"新技术多、新研产品多"，"技术跨度大、研制规模大"，"研制队伍新、研制手段新"，"研制与研保条件建设同步"，李东率领型号技术团队自力更生、自主创新，攻克了多项世界性技术难题，掌握了一大批关键技术、核心技术，探索出一条具有中国特色的大推力火箭研制之路。

在"通用化、系列化、组合化"的设计思想指导下，李东提出按照 6 种构型同时开展总体设计，为从低轨道到高轨道的运载能力跨越式提升奠定了坚实基础，使运载火箭"系列化"设计与发展的思路在工程实践中得到了应用。不但确保了长征五号的成功研制，还牵引出了以长征五号火箭的核心技术为基础的我国新一代运载火箭的若干构型，其中，采用一级半构型的长征五号 B 火箭于 2020 年 5 月成功首飞，实现了空间站阶段飞行任务首战告捷，为全面实现我国载人航天工程第三步发展战略奠定了坚实基础。

为了进一步提升设计效率和设计质量，李东提出在型号研制中全面推进先进的数字化设计手段，引进三维数字化设计工具，构建了我国运载火箭研制历史上第一个全三维数字火箭，开创了火箭型号数字化研制的先河。实现了"数字化模装"替代"实物模装"，完成了型号数字化设计、数字化分析、数字化试验的三类数字化工作，不仅有效缩短了研制周期，还节约了大量研制经费，为新一代火箭研制探索出一条成功道路。

研制期间，李东率领技术团队全面突破了"总体优化设计及环境预示技术""大直径箭体结构设计、制造与试验技术""采用循环预冷技术的低温增压输送系统及新型阀门技术""助推器发动机摆动及前支点传力大型液体运载火箭姿态控制技术""大型低温火箭的 POGO 抑制技术""120 吨级高压补燃液氧煤油发动机技术""50 吨级大推力液氧液氢发动机技术""9 吨级推力液氧液氢发动机技术""采用总线技术的系统级冗余控制技术""采用高压煤油和氢气为能源的高可靠伺服机构技术""10Mpbs 高码速率遥测数据传输与数据综合技术""大型活动发射平台设计、试验技术"12 项重大关键技术，确保了火箭运载能力目标和其他设计指标的实现，也使中国运载火箭的整体技术水平向前迈进了一大步。

长征五号火箭首飞成功后，受到了世界各航天大国的关注和赞誉。国外媒体纷纷指出"长征五号火箭的技术指标使它与美国目前最强大的德尔塔 4 重型火箭并驾齐驱"，"该火箭的性能超过了欧洲的阿丽亚娜 5 型火箭和计划 2020 年发射的阿丽亚娜 6 型火箭"，"这是改变游戏规则的一次发射"，"是中国航天的新篇章。"

2017 年，长征五号遥二火箭由于发动机技术问题发射失利，经过 100 多天的故障排查与定位以及 180 余天的试验验证，失利原因终于确认：火箭芯一级氢氧发动机在复杂力热环境下，局部结构发生异常，发动机推力瞬时大幅下降，致使发射任务失利。李东率领技术团队开始了长达两年多的艰苦"归零"和攻关，向着这一隐藏很深的世界性难题发起了总攻。2018 年 11 月 30 日，改进后的氢氧发动机在长程试车过程中出现问题，李东率领技术团队对故障原因进行分析排查，完成了发动机第二轮技术改进，并于 2019 年 2 月顺利通过了两次长程试车验证。然而 2019 年 4 月 4 日，在长征五号遥三火箭的总装工作进入最后阶段时，一台用于后续任务的氢氧发动机又发现了问题，李东和研制团队再次对发动机进行了"会诊"，最终找到了问题症结，并采取了局部设计改进，彻底解决了发动机存在的隐患。在后续的 10 余次总计 3000 多秒的发动机试车中，氢氧发动机没有再发生问题。

2019 年 12 月 27 日，长征五号遥三火箭发射成功，实现了"王者归来"；2020 年 5 月 5 日，长征五号 B 遥一火箭首飞成功；2020年 7 月 23 日，长征五号遥四火箭成功发射我国首次火星探测任务"天问一号"探测器，开启了我国的行星探测时代。在完成长五火箭首次工程应用性发射的同时，实现了 8 个月内的"三战三捷"。

十年磨一"箭"，李东把自己对长征五号火箭的爱与付出写在了诗中。2016 年，长征五号首飞成功，李东兴奋地写下了长诗《巨箭行》，"轰然蛟龙惊天起，万钧雷霆烈焰舞。撼山动地出南海，紫焰喷薄三千度。驯天牧火升腾去，刺破云天难极目。扶摇直上七万里，排空驭气至极速……"长征五号遥三出征时，李东写下了《青玉案·出征》一词，"夜静不忍忆琼州，志末酬，鬓先秋，万钧重压担肩头。暑往寒来，斗转星流，无暇叹白首。今日点兵风雨后，大纛高擎整兜鍪，铁血誓言壮行酒，砺器明甲，破釜焚舟，大军下龙楼"。2020 年长征五号 B 火箭发射成功后，李东再次写下《减字木兰花·贺长五 B 首飞》，"据鞍横剑，碧水银滩策马看。枕戈而眠，涛语椰香入帐帘。旌旗漫卷，袍泽琼崖战合练。鼙鼓惊天，群英龙楼送新船。斗转星换，十年终铸成巨箭。甘苦暑寒，波折历罢捷报传。初心不变，今日梦筑空间站。更待来年，鲲鹏扶摇九重天！"

在从事火箭技术研究和担任长征五号总设计师期间，李东曾获多项国家及省部级奖项。1998 年，"长征三号甲、长征三号乙运载火箭"获国家科技进步特等奖；2010 年，"CZ-5 运载火箭总体技术方案""液体推进剂火箭助推器的预测关机方法"分别获中国航天科技集团公司第一研究院科技进步奖一等奖、二等奖。

中国科协技术协会宣传文化部供稿

李东：十年磨一"箭"
铸航天强国梦

2020年11月24日凌晨4点30分，长征五号遥五运载火箭准时点火，擎着嫦娥五号，划破幽暗的天空，剑指月宫。

"飞行过程非常圆满，入轨精度创历史新高，可以说是正中十环，为探测器后续的顺利飞行奠定了非常好的基础"，长征五号运载火箭总设计师李东在发射现场难掩兴奋之情。

事实上，在过去不到1年的时间里，长征五号系列运载火箭四发四中，一飞冲天。它们的表现，让李东十分满意。这一系列成功的发射，是整个长五研制团队夜以继日精细化的安排、科学的组织、高效的工作换来的。

作为团队负责人，李东获评2020年"最美科技工作者"称号。面对这份热腾腾的荣誉，李东表示："最美的不是我，属于长五研制团队，属于长五系列运载火箭。"

如履薄冰、如临深渊

2006 年 10 月，长征五号运载火箭工程正式立项。立项的前一年，李东被任命为长征五号运载火箭的总设计师。那一年，他 39 岁。

"当年国家立项这个型号的火箭时，目的就是要大幅提升中国人进入空间的能力。长五要比中国上一代长征系列火箭的运载能力提高两倍以上，达到地球同步转移轨道 14 吨，地球低轨道 25 吨。"李东说。

负责如此重大的中国运载火箭升级换代项目，李东充满了豪情壮志。尽管他也意识到长五的研制不可能一帆风顺，但没想到的是，过程如此之坎坷，困难如此之大。

◆ 李东在火箭总装厂房工作

　　"从事长五研制的 14 年，特别是到了后期组织正式发射的时候，那种时时刻刻都如履薄冰、如临深渊的感觉，伴随着团队的每一个成员。"既是研制队伍的一员，又担任总设计师，李东的责任和压力更是不言而喻。

　　"一个是如期完成任务的压力"，李东表示，火箭研制是个庞大的系统工程，整个过程要在一定的约束条件下，包括时间的约束、进度的约束、经费的约束、资源的约束等情况下完成。工作量大，周期又紧，每一天都在跟时间赛跑。

◆ 工作瞬间

　　"另一个压力更为巨大，那就是确保成功"，李东说道。要完成国家给长五下达的运载能力大幅提升的指标，简单地在原有火箭基础上放大样是不行的，必须采用创新的办法。长五使用新技术的比例超过了此前任何一个火箭型号，达到了 90% 以上，这么高的新技术比例也就意味着极大的风险。

"所有这些核心的关键技术能否突破；对所有新技术能否真正做到吃透见底；火箭系统能否协调有效地工作；在飞行过程中，所有风险是否已经辨识全面，并得到有效控制；如何确保火箭最终能够完成飞行任务……"关乎国之重器的成败，这些年李东承受的压力非常人所能想象。

担得起多少成功，就经得住多少失败

历经 10 年研制，2016 年 11 月 3 日，长征五号运载火箭终于迎来了它的"首秀"。尽管过程充满波折，但最终还是取得了圆满成功。李东认为，这次发射全面验证了长五方案的正确性和系统间的匹配性，意味着中国火箭技术迎来了巨大的飞跃。

长五首飞成功后，受到了世界各航天大国的关注和赞誉。国外媒体纷纷指出，"长征五号火箭的技术指标使它与美国目前最强大的德尔塔 4 重型火箭并驾齐驱"，"该火箭的性能超过了欧洲的阿丽亚娜 5 型火箭和计划 2020 年发射的阿丽亚娜 6 型火箭"，"这是改变游戏规则的一次发射"，"是中国航天的新篇章"。

然而，担得起多少成功，就要经得住多少失败。

2017 年，长征五号遥二运载火箭由于发动机技术问题发射失利，经过几个月的故障排查与定位以及试验验证，失利原因终于确认：火箭芯一级氢氧发动机在复杂力热环境下，局部结构发生异常，发动机推力瞬时大幅下降，致使发射任务失利。

针对故障采取措施后，氢氧发动机又在后续长程试车过程中不断改进，消除隐患，提高可靠性，完成了发动机第二轮技术改进，最终彻底解决了发动机的所有隐患。在后续的各次的发动机试车中，氢氧发动机再没有出现任何问题。

2019 年 12 月 27 日，在历经 908 天故障查找和改进后，长征五号遥三火箭发射成功，实现了"王者归来"，在那一刻，承受许多常人难以想象的压力、付出常人难以想象艰辛的长五人，流下了激动的泪水。总设计师李东在那一夜，辗转难眠，写下了一首《青玉案·复飞》：

怎堪回首说断箭，

泪满面，

肝肠断。

风雨寒暑十三年，

一夕霜过，

江东父老，

愧疚无颜见。

枕戈饮胆九百天，

万般磨砺难尽言。

今夜可敢片刻闲？

硝烟才散，

举眸广寒，

何日月又圆？

2020 年 5 月 5 日，长征五号 B 遥一火箭首飞成功；2020 年 7 月

23 日，长征五号遥四火箭成功发射我国首次火星探测任务"天问一号"探测器，开启了我国的行星探测时代。再加上刚刚带着月壤完美归来的嫦娥五号，长五在近 1 年时间里，四发四中，稳定性和安全性已经得到了重要检验。特别是成功运送 8 吨多重的嫦娥五号，充分证明了它的运力性能。

科学家精神撑起中国"火箭人"的使命

"航天界有一句话：火箭的能力有多大，航天的舞台就有多大。"李东表示，运载火箭是人类进行空间活动的基本前提，而火箭的运载能力决定了一个国家航天的规模和水平。

"长五是我国独立研制的，目前运载能力最大的火箭，整体水平处于国际领先。它的成功研制，使得中国进入空间的工业能力成倍

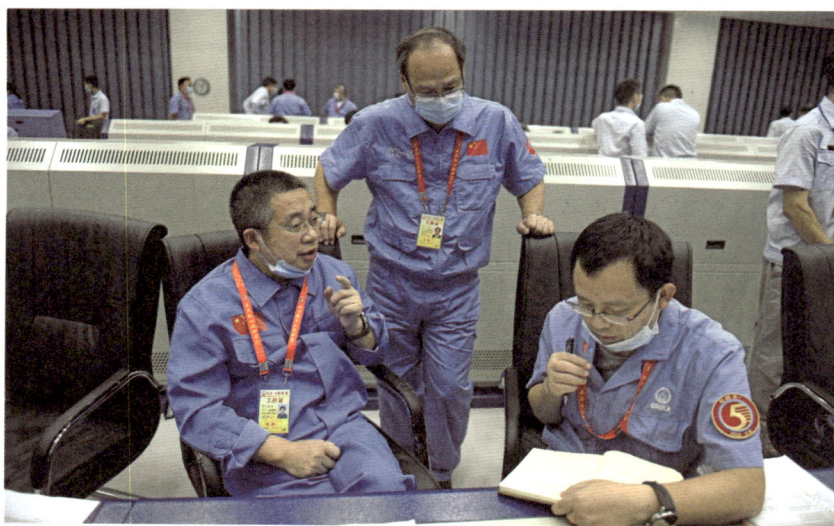

◆ 李东（左）在指控大厅与队员讨论工作

提升，也使得将来中国建造一座适度规模、长期在轨、短期有人照料的空间站成为可能。"

"天问一号、嫦娥五号对长五来说只是一个开始"，李东认为，中国"火箭人"身上所肩负的使命，是要确保中国人具有独立自主、自由进入空间的能力，从而使得一切行业活动成为可能，使得航天服务于国民经济建设和国防建设成为可能。

那么，如何完成这项使命？

"中国航天能够走到今天，有两点我体会最深。一个是科技工作者爱国、爱岗、敬业、奉献的精神；另一个是始终坚持独立自主、勇于创新的精神。"这正与李东理解的"最美科技工作者"的精神内核是一致的。

李东表示，"最美科技工作者"称号绝不仅仅是对个人的肯定，而是对整个长五团队的肯定。"如同火箭上成千上万个零件必须协调有效工作，才能准确把卫星送到轨道上一样，研制火箭的成千上万科研工作者，他们每个人都在自己的岗位上，拼尽全力做好本职工作，密切合作，相互协同，才能共同完成这样一项无比艰巨的科技工程。"

"从去年 10 月长征五号遥三运载火箭入场，一直到今年底嫦娥五号发射，很多同志在靶场的时间超过了 10 个月，顾不上自己的家庭、亲友，凡事以国家为重、事业为重，"李东动情地说，"一切最美的荣誉都是他们的。"

中国科协信息中心、科技传播中心供稿

最美科技工作者

ZUIMEI KEJI GONGZUOZHE

陈

亮

在戈壁燃烧青春

——记核工业北京地质研究院副院长陈亮

陈亮，1982 年生，现任核工业北京地质研究院副院长。获国防科技进步二等奖，被评为"最美科技工作者"，中央企业青年岗位能手，中核集团最美中核人、十大杰出青年、劳动模范。

作为中核集团引进的海外人才，陈亮放弃法国终身教职，长期扎根戈壁一线，全情投入我国高放废物处置研发工作，成果突出。他热爱祖国、担当实干、勇于创新，是当代青年科技人员的杰出代表。

热爱祖国，归国投身高放科研

2006 年同济大学硕士毕业后，陈亮获法国放废管理局全额博士奖学金资助赴法留学。在法求学和工作期间，他一直致力于高放废物地质处置领域研究，成果显著。2009 年，他获得法国里尔科技大学博士学位，并获国家留学基金委"国家优秀自费留学生奖学金"。

2010 年，陈亮参加法国教育部组织的全国竞聘，以排名第一的成绩获得南特中央理工大学、法国国立里昂应用科学学院两所知名大学副教授职位。

留学期间，陈亮还兼任法国北部学生学者联合会主席，积极组织各种活动促进中法文化交流、服务留法华人。特别是在组织留法华人参与北京奥运会巴黎圣火传递、汶川大地震抗震救灾中，他被中国驻法使馆评为"优秀留学生干部"。5 年留学和工作经历让陈亮深深感受到，无论身在何处，每个中国人都与祖国同呼吸、共命运，都应为祖国的发展贡献自己的力量。

高放废物处置是关系到核工业可持续发展的战略性课题。陈亮一直心系我国高放废物地质处置事业，2011 年，他辞掉法国南特中央理工大学副教授的终身教职，来到了戈壁科研一线。他说："在这个时代，依然有那么一批人为了科研理想和国家需求在默默奋斗，

◆ 陈亮在法国

这也是我的归属所在。"

扎根一线，戈壁奉献无悔青春

归国工作后，陈亮很快完成了角色的转变，坚持扎根戈壁科研一线，完成了多项重大科研任务，成果突出。回国后的第一年，陈亮在甘肃北山戈壁无人区连续奋战近 200 天，带领团队完成了 3000 多米钻孔岩心的裂隙编录、40 多平方公里的地表节理调查和综合分析，提出了高放废物处置库围岩适宜性评价方法，为我国高放废物处置库选址提供了重要支撑。

2015 年，作为现场总指挥，陈亮带领团队启动了北山坑探设施工程建设和地下实验室场址评价工作。北山坑探设施工程地处戈壁无人区，风沙肆虐、酷暑寒冬，最低温度达零下 20 多摄氏度，自然环境恶劣。科研团队成员以 80 后和 90 后为主，大多刚刚结婚或初为人父。当地工作区域通信信号极弱，每天工作结束后，年轻的科研人员只能轮流站在

◆ 陈亮在北山坑探设施工程建设和地下实验室场址

周边最高山顶竖起的 1 米高的桩子上，用电话询问家人和孩子的情况。在艰苦的工作环境下，陈亮带领团队以高度的责任感和使命感，攻坚克难、以苦为乐，用 1 年半时间圆满完成了工程建设和 10 余项大型现场试验研究，提出了地下实验室建设安全技术体系，为我国"十三五"规划重大工程——高放废物处置地下实验室建设方案的制定提供了关键支撑。

成果显著，推动国家重大工程

我国高放废物地质处置库研发采取"三步走"发展战略，即处置库选址、地下实验室科研和处置库建设。其中，地下实验室工程是高放废物处置技术研发承上启下、必不可少的关键工程。按照我国规划，计划在 2020 年前后建设高放废物地质处置地下实验室。该工程也被明确列为国家"十三五"规划纲要百项重大工程之一。

国家需求就是工作目标。近年来，陈亮率领科研团队攻坚克难，解决了一系列地下实验室工程选址和建设中关键理论和技术问题。他不仅要负责科研，还要兼顾地下实验室工程立项、项目管理等事务。家在通州，离单位太远。他索性直接在办公室里放了一张行军床，工作晚了就在办公室里睡下。同事们给他做过统计，最长的一次，他居然有近两个月没有回家。家人说他在北京和在甘肃北山没啥区别。

他常说："人生最幸福的事，就是和一群志同道合的人，朝着伟大的目标奔跑。"正是他坚持不懈的努力，迎来科研硕果累累。陈亮首次在国际上提出了定量的高放废物处置库场址适宜性评价方法，有力支撑了地下实验室选址工作。相关成果发表到国际学术期刊后，受到了国际原子能机构和国际权威专家的关注和高度评价。通过集智攻关，科研团队筛选出了我国首座高放废物处置地下实验室场址，完成了地下实验室初步设计和工程建设方案。陈亮在选址、工程设计、科研规划制定等方面发挥了关键作用。

2019年，科研团队提出的高放废物处置地下实验室方案获国务院正式立项批复。同年12月，陈亮被任命为中国高放废物地质处置地下实验室工程副总设计师，入选国家创新团队负责人。2020年，入选"最美科技工作者"。

中国科协技术协会宣传文化部供稿

"最美科技工作者"陈亮：
在无人区燃烧青春

"我国作为核工业大国，高水平放射废物（以下简称高放废物）的最终安全处置是不能回避的问题，是我们对子孙后代的一种承诺和责任，"中核集团核工业北京地质研究院（以下简称核地研院）副院长陈亮深刻认识到，"利用好核能的同时，还必须处置好放射性废物，这是核工业大国的使命担当。"

对于获得 2020 年"最美科技工作者"称号，这位 80 后青年科技工作者十分谦虚。"我在工作上的贡献距离这样的称号还有很大差距，这份荣誉属于数十年扎根在戈壁无人区的整个北山团队，"陈亮说，"对自己而言，这份荣誉更多是鼓励和鞭策，将更加努力工作，力争作出更大贡献。"

到祖国最需要的地方去

高放废物的安全处置是关系到环境保护和核工业可持续发展的

重要课题，得到世界各有核国家的高度重视。经过几十年的长期研究，瑞典、芬兰和法国等国家已研发了完整的处置理论和技术体系，确定了处置库场址和工程建设方案。陈亮从博士期间就潜心于该项研究并以优异的成绩获得了法国知名大学副教授职位，但他一直心系我国高放废物地质处置事业。

2009 年 5 月，核地研院副院长王驹的一场报告改变了陈亮的人生轨迹。这是他第一次系统了解我国对高放废物处置的整体战略规划和蓝图，也是第一次被北山精神感染。他强烈感受到来自祖国的召唤，"就像是集结号，我觉得我必须回国。"

陈亮至今还清晰地记得，那天他身着竖条西装，第一个冲上讲台表达了回国加入北山团队的意愿。"那时候，北山于我，不仅是神秘，更是近乎神圣的。"陈亮曾用这样的笔触记录了北山。

回国之前的最后一堂课，陈亮告诉法国学生："为了追寻心中的一个梦想，我要离开美丽的南特和自己喜爱的讲台。"

2011 年，陈亮离开法国，扎根于戈壁无人区。面对高温酷暑、风沙肆虐的恶劣自然环境以及长期与亲人分离的情感压力，陈亮反而时常觉得幸运。"与志同道合的人，沿着伟大的目标奔跑，能学以致用为国家作贡献，这本身就是一种幸福。"

幸福是奋斗出来的

气候干燥、缺水、寒冬酷暑、没有信号……看似艰苦的戈壁，陈亮和北山团队成员却乐在其中。"幸福都是奋斗出来的，青年人应该将自己的青春、热情和智慧融入国家发展需求中，这个过程中会遇到各种各样的困难，当我们克服了这些困难时，那种幸福是无以言表的。"陈亮感慨道。

2015年，陈亮带领团队在自然环境恶劣的戈壁无人区启动了地下实验室坑探设施工程建设和地下实验室场址评价工作。由于工作区域信号极差，这支均为80后和90后的科研队伍，只能在结束一天的工作后，轮流站在周边最高山顶竖起的1米高的桩子上跟家人打电话。

◆ 陈亮（右一）与工程一线技术人员在一起

在如此艰难的情况下，陈亮带领团队以苦为乐、攻坚克难，仅用1年半的时间就圆满完成了工程建设和10余项大型现场试验研究，提出了地下实验室建设安全技术体系，为我国"十三五"规划重大工程——高放废物处置地下实验室建设方案的制定提供了关键支撑。基于各项研究成果，陈亮与科研团队完成了地下实验室初步设计和工程建设方案，得到了国家的立项批复。作为第一完成人，陈亮团队提出的"高放废物处置围岩长期稳定性评价技术"获得国防科技进步二等奖。

陈亮至今还记得，北山坑探设施项目顺利通过验收的那天，他第一个沿着100多米长的斜坡道走到地表，当时正值黄昏，一抹温暖的阳光照在脸上，"那一刻，是我感觉最幸福的时候。"

薪火相传的北山精神

在回国投身戈壁工作3个多月后，陈亮给远在法国的学生寄了一张自己在北山的工作照，告诉他们："我已经找到了这片梦想的沃土，并和我的战友们一起努力奋斗着。"

◆ 野外踏勘

　　高放废物地质处置库选址及建设运营是北山人一生为之奋斗的事业。30 多年来，践行使命的接力棒传了一代又一代，到陈亮这儿已是第四代。每一次北山团队扎下帐篷或放置寝车时，都会第一时间在营地升起一面五星红旗。

　　无论面对多么艰苦的环境，北山人依旧保持着浓厚的工作激情，不知疲倦。在陈亮看来，个人的成长、团队的发展，要与国家的需要紧密结合，为国家解决最终的问题，这才是价值所在。

　　谈起青少年的科技培养，陈亮认为，"对于刚入学的学生，最重要的是培养他们学习的兴趣和好奇心，让他们理解而非记住；对于初中和高中阶段的学生，一方面要引导他们建立对科技的兴趣，让他们理解需求，了解社会经济发展中的问题以及探索解决的方案；另一方面需要社会各界的配合，让学生有机会走进各个领域。"

　　虽然地下实验室建设已经启动，但更艰巨的挑战还在后面，陈亮说："高放废物最终安全处置任重道远，后面的路还很长，我们将义无反顾地走下去。"

　　谈起对"最美科技工作者"中"美"的内涵，陈亮认为包括两个方面：一是在所从事的科研领域作出可以推动国家和社会发展的重要科研突破和成果，二是具有能够跨越学科限制的品质、经历或精神，启发和激励其他人，这些也是他努力的方向。陈亮说："这种对人生或工作面临困惑时的启发，应该就是'最美科技工作者'活动的意义所在，国家的发展不是靠几个人，而是靠每一个人。"

　　中国科协信息中心、科技传播中心供稿

陈亮：在无人区燃烧青春

陈　瑜

中国科技会堂采访室，在两盏大功率灯灯光"加持"下，身着西装的中核集团核工业北京地质研究院副院长陈亮的额头已经沁出了细汗。

"我昨天刚从北山现场回来，气温已到了零下 20 摄氏度，现在刚好烤烤。"陈亮打趣道。

陈亮说，获得这个荣誉很意外，也很自豪、很激动，这是对团队的莫大肯定和鼓励。地下实验室建设已经启动，但更艰巨的挑战还在后头，自己和团队将义无反顾地走下去。

这应该是我的归属

2009 年 5 月在香港举行的国际岩石力学大会，改变了陈亮的人生轨迹。

当天，核工业北京地质研究院副院长王驹作了一个大会特邀报告。陈亮第一次系统地了解我国高放废物处置整体战略规划和最新进展，同时知道了一群科技工作者正在戈壁无人区挥洒汗水绘就蓝图。

长期在国外从事这项工作的陈亮，就像听到了一种召唤，报告结束后第一个冲上讲台："我希望能回国加入这个团队。"

回到法国，陈亮本能地又去查了些北山团队的资料。

安全处置高放废物，通俗地说，就是挖一个深"坑"把高放废物埋起来。但在哪挖坑，挖什么样的坑，怎么挖，怎么埋，埋了以后如何保证其长久的安全性，大有学问。

为找到北山这个理想的研究场址，核工业北京地质研究院高放废物地质处置研究团队扎根戈壁无人区，已整整奋斗了 35 年。

众多故事里，他对其中一个印象特别深。

2000 年 11 月 30 日，北山 2 号科研钻孔钻到地下 200 多米，突然，钻杆断在孔内，钻头既拔不出来、也钻不下去。此时的北山，天寒地冻、滴水成冰，只好停钻。在帐篷的一个角落，王驹拿出仅剩的一点二锅头，来到井口，先敬天敬地，剩下的酒他和团队一饮而尽，誓言来年一定回来把钻孔打完、获得目标数据。

"现在我讲这个故事时，头皮仍在发麻。这种对事业的执着和豪迈之情深深地吸引了我，并产生强烈共鸣，我感觉这应该是我的归属。"2011 年，陈亮辞掉法国南特中央理工大学副教授的终身教职，从法国来到了戈壁科研一线。

曾在戈壁深处连续奋战 200 多天

陈亮将自己定义为第四代北山人。

2011 年回国工作后，陈亮很快完成了角色转变。当年，他与团队成员不畏酷暑寒冬，在戈壁深处连续奋战 200 多天，完成了 3000 多米钻孔岩心的裂隙编录和测量、40 多平方公里的地表节理调查和综合分析，圆满完成了各项科研任务。

2015 年，作为现场总指挥，陈亮带领团队启动了地下实验室坑探设施工程建设和地下实验室场址评价工作。

科研团队成员以 80 后和 90 后为主，大多刚刚结婚或初为人父。工作区域通信信号极弱，繁忙的工作结束后，作为两个孩子的父亲，陈亮和年轻的科研人员一样，只能轮流站在周边最高山顶竖起的 1 米高的桩子上，用电话询问家人和孩子的情况。

尽管环境艰苦，但陈亮带领团队仅用 1 年半时间，就圆满完成了工程建设和 10 余项大型地下现场试验研究，提出了地下实验室建设安全技术体系，为我国"十三五"重大工程——高放废物处置地下实验室建设方案的制定提供了关键支撑。

项目通过验收的那天，当陈亮沿着 149 米长的斜坡道爬到出口，一抹夕阳照在脸上，陈亮说，那是自己最幸福的时候。

将青春融入国家发展需求

2020 年新冠肺炎疫情，陈亮和团队依然没有停止探索的步伐。

依托国家科研项目支持，北山团队完成了北山地下实验室场址勘察和工程开工建设的准备工作，还联合相关高校科研团队持续攻坚 5 个多月，完成了一个高放废物处置研究核心软件的计算程序开发。

值得一提的是，此前国外的这款软件一直处于垄断地位。

"作为留学归国人员，回来有国家级平台，最重要有这样一个团队，一起推进高放事业，我觉得非常幸运。"陈亮引用了曾经很流行的一句话：人生一种幸福的状态，是和一群志同道合的人，向着一个伟大的目标奔跑。

作为 2020 年最年轻的"最美科技工作者"获奖者，38 岁的陈亮已早生华发。但陈亮说，青春是用来奋斗的，能将自己的青春、热情和智慧融入国家发展需求中，这本身就是一种幸运和幸福。

《科技日报》2020 年 12 月 30 日

最美科技工作者

ZUIMEI KEJI GONGZUOZHE

仝小林

为中医谋发展的人民健康卫士

——记中国科学院院士、中国中医科学院
首席研究员仝小林

从 20 世纪 70 年代流行性出血热到 2020 年年初的新冠肺炎，从 29 岁到 64 岁，在每场抗击大型瘟疫的第一线，总有一个身影始终义无反顾，冲锋在前。从书案到诊桌，从《素问·奇病论》到《国际中医药糖尿病诊疗指南》，古老的中医智慧，在他的手中焕发出新的蓬勃生机，跨越万里为全人类的健康事业贡献力量。他，就是中国科学院院士——仝小林，参加工作四十载，从悬壶济世的好大夫，到开拓创新的科学家，他始终把发展中医药作为自己毕生的事业，手执中医这面坚固的盾牌，有力地捍卫着人民的健康福祉。

仝小林，中国科学院院士，中医内科学家，中国中医科学院首席研究员，中央保健医生。长期致力于中医药传承与创新研究，在现代中医诊疗体系、方药量效学科的构建以及新冠肺炎疫情防控等方面作出了扎实而卓越的贡献。在本次抗击新冠肺炎疫情工作中担任中央指导组专家、国家中医药管理局医疗救治专家组共同组长、

国务院中医药专班临床救治组组长、国务院联防联控机制外事组中国红十字会中医专家组组长。在武汉抗疫第一线连续工作 64 天，边临床、边实践、边总结，让中医药真正全面、全程地介入了此次新冠肺炎疫情的防控。

临危受命，逆行武汉，将中医成果写在抗疫第一线

在抗击大型瘟疫面前，仝小林院士始终义无反顾，冲锋前线，以中医药为武器，有力地保障着人民的健康。

奔波前线，创立"寒湿疫"论治体系。2020 年 1 月 24 日除夕夜，仝小林临危受命奔赴至武汉抗疫第一线。他奔波于发热门诊、重症监护室、社区隔离点、方舱医院等地，救治患者总结经验，提

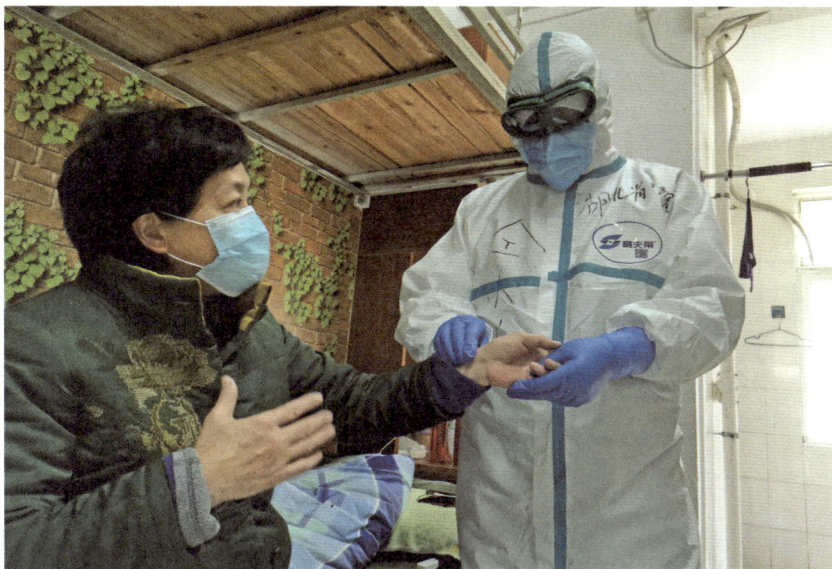

◆ 仝小林在武汉方舱医院给病人把脉

出了"寒湿疫"理论指导疫情防控，认为此次疫病由寒湿裹挟戾气侵袭人群致病，病位在肺、脾。以寒湿伤阳为主线，兼有化热、化燥、伤阴、致瘀、闭脱等变证。针对疾病不同分期总结了主要证候表现，确定了相应治则治法，并制定了中医通治方及分期辨证处方。其中通治方"寒湿疫方（武汉抗疫1号方）"，在社区大规模发药70多万服，累计救治5万余人次，被纳入全国中医诊疗方案第六至第八版。

从根源截断，创建社区防控的新模式"武昌模式"。面对疫情集中暴发、没有特效药物和疫苗、医疗资源严重挤兑，大量高风险人群无法得到及时诊治的危急情况，仝小林还将防控重心前移、下沉至社区，探索建立了"中医通治方＋社区＋互联网"为框架的"武昌模式"，中医第一时间介入，厘清疾病共性规律，确定通治方并向高风险人群统一发放，通过互联网实时传递患者咨询、专家指导、用药反馈等数据，大大降低了高危人群发病率、阻断轻症患者病情加重。当地卫健委资料显示，发放药品后14天，新增确诊人数首次出现断崖式下降，并维持在低位水平，有效抑制了疫情蔓延。作为新发突发公共卫生事件社区防控的一种创新模式，"武昌模式"推广至武汉其他城区及周边多个疫情重灾区，构筑起社区防控的第一道防线。

成果推广，不断优化中医方案。疫情防控期间，仝小林牵头制定了《新型冠状病毒肺炎诊疗方案》中的中医方案，从第三版到第八版，他坚持一边临床实践，一边优化方案，为一线临床医师提供了切合临床需求的中医方案。同时组织制定了《新型冠状病毒肺炎恢复期中医康复指导建议（试行）》，由国家卫生健康委员会、国家中医药管理局共同印发，专门为恢复期患者提供以中医适宜技术、传统功法、饮食、心理干预为主的综合康复指导。

用数据说话，为国际新冠肺炎疫情防控贡献中国智慧。仝小林坚持中医药早期、全程介入疫情防控，开展了覆盖新冠肺炎防治全程的诊疗研究。如针对武昌区隔离点新冠肺炎轻症患者的寒湿疫方干预研究显示，430 例中药组 0 例加重（0.0%），291 例未服中药的对照组 19 例（6.5%）加重，中药干预有效截断了病情进展等研究证实，中医在新冠肺炎防治全程中有效发挥了"未病先防、既病防变、瘥后防复"的作用。

仝小林承担科技部应急专项 1 项，国家中医药管理局应急专项 1 项，参与科技部应急专项 2 项，获得了 3 项传统中药制剂备案批件。面对严峻的国际疫情形势，仝小林多次受邀参加相关国际学术交流会议，连线海外中医团体与欧美专家，解读"寒湿疫"中医防治策略，分享中医药重大科研成果，吸引了全球超 200 万人次的用户访问及阅读，为国际新冠肺炎疫情防控贡献中国智慧。

大胆实践，突破传统，推动中医走向国际舞台

在现代科学背景下，仝小林总结中医药发展面临的两大巨大挑战：一是传统中医辨证论治如何与现代医学疾病诊断有效对接；二是传统中医强调诊疗个体化，但缺少群体化证据，疗效难被认可。仝小林基于多年临床经验，以糖尿病为示范，大胆创新，构建了"核心病机—分类分期分证—糖络并治"的中医诊疗新体系，引领中医药走向国际舞台。

大胆创新，构建糖尿病中医诊疗新体系。仝小林提出中医"糖络病"理念，将其分成脾瘅与消瘅，按照"郁—热—虚—损"分成 4 期，创新应用传统经方治疗糖尿病各阶段，并用循证医学的方法验证其有效性。他主编的《糖络病学》被纳入"十三五"创新教材，专著《糖络杂病论》获中华中医药学会学术著作一等奖，系列成果被评为中国中医科学院建院 60 周年最具影响力的 25 项科研成果之一，并被载入《中国中医药重大理论传承创新典藏》。其卓著的疗效和突破性成果被纳入全球首部国际中医专病指南及国内中医药行业指南，"糖尿病与中医药"作为独立章节被整体纳入我国西医糖尿病指南，首次使中医诊疗在专病领域与主流医学并行，找到了传统中医进入现代医学主流治疗可以借鉴的途径。这种糖尿病中医方案，为未来更多慢病、疑难病、老年病的中西医结合治疗提供了示范。

研发系列方药，为糖尿病不同阶段治疗提供新选择。针对糖尿病前期，仝小林证实天芪降糖胶囊可降低糖尿病发生风险 32%，该药被《中国 2 型糖尿病防治指南》2013 版与 2017 版推荐，为糖尿病预防提供新策略。该成果被中华医学会糖尿病学分会评为 2014 年度"中国糖尿病十大研究"，是迄今为止唯一获奖的中医药成果，并获 2016 年度中国中西医结合学会科技进步一等奖。针对新发糖尿病，仝小林创立开郁清热法，研发糖敏灵丸和降糖调脂方等专利药。运用中医整体观，发挥中医慢病调理优势，针对多代谢紊乱的共同根基胰岛素抵抗，采取一体化治疗，证实降糖调脂方具有减肥、调脂、降糖等多靶点治疗作用，且调脂、减肥较对照西药更优。糖尿病和代谢综合征诊疗研究分获 2009、2011 年度国家科技进步二等奖。首次在国际上从元基因组学角度阐明中药可改善糖尿病患者的肠道菌群结构，研究入选 Microbiology 领域同年最优秀的前 1% 论文。《美国心脏病学会杂志》述评中引用了 12 项高质量糖尿病国际中医药研究，4 项来自他的团队。

制定首部国际糖尿病中医专病指南。仝小林的工作奠定了他在中医糖尿病领域的领军地位。他主持制定了首部《国际中医药糖尿病诊疗指南》，由世界中医药学会联合会颁布，被新华社评价为"中医药专病国际标准化建设的先行者"，获世界中医药学会联合会首届中医药国际贡献奖科技进步奖一等奖。

构建方药量效理论框架，提出方药安全有效用量策略及规范。作为"973"项目首席科学家，他带领团队以临床评价为核心，选取有代表性的急危重症开展系列临床试验，证实各示范方药具有明确的量效关系及较宽的用量范围，并结合文献、药物实测、煎煮、药理、临床评价等方法明确经方一两的现代折算标准。他建立依据急危重症、慢病、预防等不同治疗目标的经方剂量折算方法，提出随症施量的用量策略，揭示"量变致新""量变致反"等量效变化规律，从而构建了以随症施量和剂量阈为核心的方药量效理论框架，为安全有效合理用量提供了理论和循证证据，填补了中医量效研究的空白。他用该理论指导小儿肺炎（急）、急性肠梗阻（危）、慢性肾功能衰竭（重）治疗，有效率大幅提升（29%—50%）且安全性良好。他主编的第一部系统论述方药量效理论的《方药量效学》获中华中医药学会学术著作一等奖，并被纳入"十三五"创新教材；《SARS 中医诊疗及研究》获国家图书特别奖；主持制定的《经方临床用量策略专家共识》成为全球中医使用经方和国家经典名方开发折算剂量的重要依据。他为创建方药量效学科、推动中医走向"量化"时代奠定了重要基础。

中国科协技术协会宣传文化部供稿

在抗疫火线炼制"灵丹妙药"

——记奋战在武汉一线的中国中医科学院首席研究员仝小林院士

光明日报武汉一线报道组

大年三十,武汉封城第二天,新冠肺炎疫情急速恶化,黑云压城,阴雨连绵。

中国科学院院士、中国中医科学院首席研究员、广安门医院主任医师仝小林退掉了飞往海南的机票,逆行来到武汉。因为他有一个新的身份——国家中医药管理局医疗救治专家组共同组长。他临危受命,亲临火线指导救人。

"年三十到的武汉,我在武汉过的年。"大敌当前,仝小林从容不迫。

大年初一,仝小林直奔专门收治重症危重症病人的武汉金银潭医院,然后深入发热门诊、急诊、社区卫生服务中心、隔离点、方舱医院等地,了解疫情,研究对策。

"只有了解了疾病的全过程,介入各个环节,在制定治疗方案的时候，心里才有底。"仝小林说，知己知彼，百战不殆。

在武汉奋战 40 余日，仝小林及其团队战果累累。他开具的"武汉抗疫方（1 号方）"，率先在社区发放，在抗疫战场立下奇功；他倡导的社区中医药防控模式——"武昌模式"在湖北得到广泛推广；他牵头制定的《新型冠状病毒肺炎诊疗方案》的中医方案指导全国救治新冠肺炎病人；他多次深入重症病房，指导和亲自诊治危重病人……

火线救治重症患者

2 月 23 日，武汉市第一人民医院重症病房。62 床的新冠肺炎病人李某是位 71 岁的危重老人，生命垂危，高烧不退，咳喘不止，曾住在隔壁病房的老伴，在呼吸机上深度昏迷，两天前刚去世。仝小

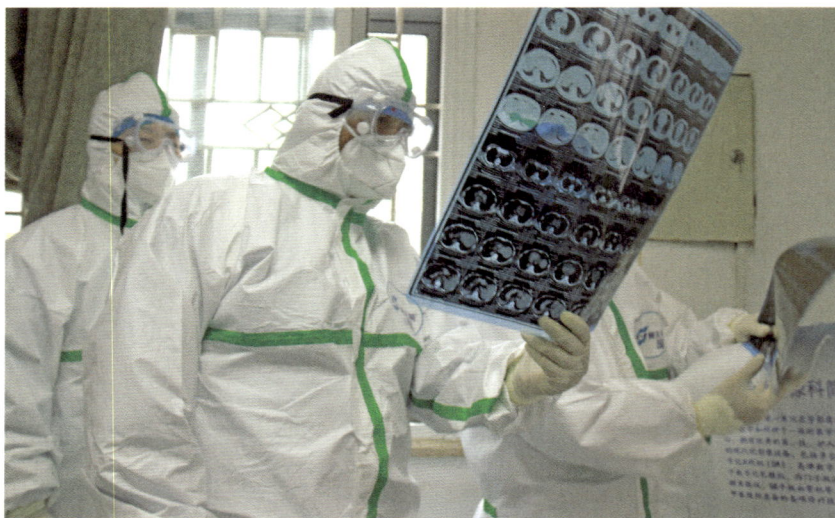

◆ 仝小林在武汉第一医院急诊留观

林查看他的病情后，当即开出一个中药药方。"62 床病人服用 3 副中药后，病情明显好转，生命体征较之前稳定，现已转入普通病房，能自己下地走路了。"武汉市第一人民医院中医联合专家组副组长谢沛霖回忆。

这是仝小林现场指导用中医救治众多重症、危重症病人的病例之一。仝小林频繁去定点医院，专看重症、危重症病人，一进医院，边听汇报，边与医生们联合查房会诊，穿上防护服直奔 ICU 病房查看病人、了解病情，应用中医方法治疗，推动各医院中西医结合治疗新冠肺炎。

"仝小林院士的治疗方法，稳、准、狠，抓住关键病机用药，辨证精细。"来自云南省中医院的国家中西医结合重症专家组成员叶勇说，"我随仝院士 3 天跑了 4 家医院，查看了 80 多位危重症病人。在他的推动下，这些医院救治重症病人的中医参与率明显提高，中西医结合治疗的作用发挥得非常好。"

中医在救治重症和危重症病人中，为何有很好的疗效？

"很多重症病人，因为痰湿还阻塞在肺部，呼吸就越来越困难，氧饱和度逐渐降低，中医救治重症、危重症时，仍然要宣肺化痰，从肺、脾、肾几个角度去治，能够改善体内环境，所以能起到很好的作用。"仝小林从中医角度分析治疗原理。

仝小林强调："救治重症和危重症病人，中医和西医需要很好的配合。从武汉市中西医结合医院和市三院整个治疗情况来看，中医参与治疗重症和危重病人，在病死率、轻转重率等方面，都有比较明显的效果。"

在具体指导救治重症病人的同时，仝小林还积极帮助各个医院开展新冠肺炎的科研工作，总结中西医结合治疗病人的经验，科学进行分层比较分析，用有说服力的临床数据展示中医药的疗效。

3月2日晚，武汉市第一人民医院，仝小林还在与陈国华院长研讨中西医结合治疗方案。他说："我们的研究不是局限于发篇论文，或出本著作，而是希望用有说服力的数据和病历科学总结展示中西医结合的疗效，以期建立一个中西医结合应对突发疾病的模板，给国家提供一个未来公共卫生体系建设的示范。"

倡导"武昌模式"

1月24日仝小林到达武汉后，赶到各大医院发热门诊会诊看病时，一幕幕场景让他非常震惊——每个大医院的发热门诊挤满了等待诊治新冠肺炎的病人，在阴冷的风雨中排很长的队。"轻症和疑似病人能不能在社区治疗，从而减轻医院的压力？社区如果不把那些轻症甚至疑似患者控制住，一旦发展成为重症都必须住院的话，再多的医院也不够！切断疫情源头，社区是第一关。"仝小林说。

当时武昌区形势非常严峻，武昌区有125万人、144个社区。1月中上旬，武昌区的发病率排在武汉市第四名，1月下旬则一跃成为全市发病率第一名。病人多，医务人员少，病人住不了院，武昌区的压力特别大。"特殊时期，应先让每一个病人都吃上中药，阻断疾病继续发展。"仝小林迅速作出判断。

1月29日，当仝小林向武昌区政府和湖北省中医院提出共同开展社区中药防控的提议时，三方一拍即合，并马上行动。之前，湖北省中医院李晓东团队和武昌区政府已经合作建立了一个网络信息平台，由此平台切入，事半功倍。中药防控，必须要有一个通治的中医药方。仝小林在与当地专家充分讨论后，拟定出可宣肺透邪、避秽化浊、健脾除湿、解毒通络的通治方——"武汉抗疫方"，又称1号方，通治范围是新冠肺炎轻症、普通型、疑似病人和居家隔离的发热病人。国家中医药管理局前线总指挥部和湖北省卫健委、武汉市卫健委在听取了建立社区防控体系的汇报后，于2月2日作出决定：尽快在社区发药，让每一个社区的居家病人吃上中药。武昌区副区长向悦马上协调"九州通药业"按"武汉抗疫方"（1号方）连夜熬制了2.7万袋汤药，配送到了武昌区所有的隔离点和社区卫生服务中心，率先在社区大范围免费发药。

2.7万袋中药对于当时的武昌区无疑是杯水车薪。武昌区紧急向江苏连云港市求援，连云港康缘药业3天内生产了1号方及4个加减方约4.2万人份14天用量的中药颗粒剂，全部赠送武昌区。康缘药业的赠药义举大大缓解了武昌的困窘局面，平缓了居家病人的恐惧心理，有力阻断病情进程，减轻了医院的压力。截至目前，湖北省范围已经发放70多万服1号方药，5万多病人服用了此药，其疗效受到了患者的一致好评。

事急从权，"武汉抗疫方"是特定环境下的应急选择，然而病人病情各不相同，如能在医生指导下用药，治疗会更加安全有效。为此，仝小林团队又与中国中医科学院首席研究员刘保延团队合作，紧急开发出一款手机App，患者扫码中药汤剂外包装上的二维码并录入基本信息，就可得到后方医生的一对一用药咨询及指导。"目前，我们有600多名来自全国各地的医生，在后台通过电话和微信等方式为病人提供一对一的医疗服务。"仝小林说。

"我们的后台数据显示，武昌的疑似病人确诊率在不断下降。1 月 28 日的确诊率高达 90% 多，2 月 2 日隔离点 1 号方全覆盖之后，2 月 6 日的确诊率就降到 30% 多，到现在只有 3% 了。仝小林院士的 1 号方发挥了重要作用！"工作人员感慨地说。

"中药通治方＋社区＋互联网"的"武昌模式"正在形成。2 月 7 日，武汉市卫建委发文在全市推广 1 号通治方，广泛应用于方舱医院和隔离点，并推广到湖北各地。

"'武昌模式'是武汉抗疫前线出现的一个奇迹。"当地领导总结"武昌模式"的成功经验是：中医有基础，现实有困境，治疗有专家，科技有支撑，上级有要求，外围有支援，实证有效果。

"'武昌模式'是我国在面对新发、突发重大公共卫生事件时，社区中医药防控的一种创新模式。尤其是在疫苗及特效药未出现之前，先以中医定性，再以通治方治病，使疫情防治关口前移。"仝小林表示。

与时间赛跑

在武汉抗疫战场，仝小林团队就是一支突击队，哪里的阵地告急，他们就冲锋到哪里。从社区应用武汉抗疫 1 号方到火线抢救重症病人，再到出院病人的恢复治疗……仝小林似乎总是能预见病程发展的关键点，提前布控，全程参与。

"疾病的发展是有规律性的，我们不能被动地等待，必须主动出击，提前布局。"2 月下旬以来，武汉各方舱医院出院的病人逐渐增多。武昌区专门建立了全市第一个恢复期隔离点，对出院病人隔离

14 天。2 月 24 日，仝小林来到这个隔离点，通过对 100 多名出院隔离人员的诊断，他发现，这些出院人员中只有 80% 的病人属恢复期，20% 的人还残留一些症状。他认为，恢复期病人要按照以下 4 个证型来治疗：余毒未清证、肺脾气虚证、气阴两虚证、痰瘀阻络证，并同湖北省中医院的专家一起拟定了相应的治疗方案。

根据仝小林的建议，湖北省中医院于 3 月 5 日开设了全国第一个恢复期康复门诊。"新冠肺炎病人出院后还会有一些相应的症状，需要进一步康复来调理，采取中西医结合，以中医为主，这个康复门诊对新冠肺炎病人来说是个福音。"仝小林说。

仝小林每到一处，都要亲自查看大量新冠肺炎病人，随时了解病情。"作为一名院士，身先士卒，不惧危险，总是直接进入 ICU 病房查看病人、指导治疗，我既感动又备受鼓舞，仝院士严谨、务实，始终以治病救人为己任，是我们这些杏林后学的楷模！"叶勇十分感慨。

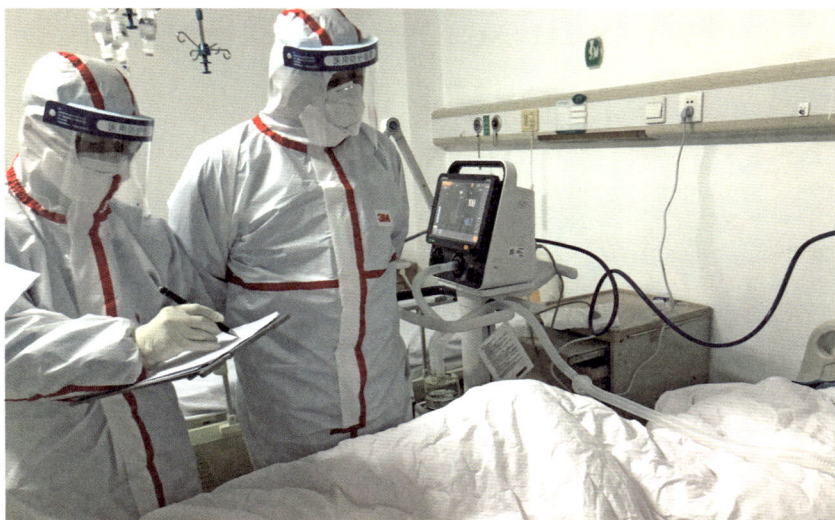

◆ 仝小林（右一）在金银潭医院查房

对自己的安危，仝小林没有时间考虑，因为他要抓紧一切时间与新冠病魔较量。白天到医院、社区救治病人，晚上经常开会到半夜，听取全国中医药新冠肺炎治疗情况汇报，总结分析各地治疗的宝贵经验，充实和修改新冠肺炎全国诊疗方案。他牵头制定的《新型冠状病毒肺炎诊疗方案》中医部分，从第三版到第六版，再到最新出台的第七版，就是这样从抗疫火线上炼制出来的。

"诊疗方案一定要吸纳全国中医药治疗的经验。例如，清肺排毒汤在一些省份应用后，对于轻症和疑似的病人有很好的疗效，所以我们就把它放进了诊疗方案中，即武汉抗疫 2 号方。"仝小林对记者说，清肺排毒汤在武汉地区发了 9 万多服药，疗效明显。"在湖北省以外的 10 个省，我们观察了 1176 例，有效率达到 92.69%，其中有593 人已经出院。"

"现在对疫情总体控制是很有效果的，整体发病率在明显下降，出院率也在增高。我目前的工作集中在急危重症的抢救和恢复期治疗，我对形势总体是比较乐观的。"仝小林对战胜疫情充满信心。

《光明日报》2020 年 3 月 13 日

最美科技工作者仝小林：
用中药汤剂扑灭武汉社区的新冠火苗

代小佩

"新冠疑似麻杏羌，石葶长卿龙藿香，苍白三仙苓姜佩，厚朴草果贯槟榔。"

这支方歌含 18 味中药，是中药汤剂"武汉抗疫方"的药方。方子推出不到 1 个月，累计发放 70 多万服，救治新冠肺炎轻中症患者和疑似病人超 5 万。

拟方人是中国科学院院士、中国中医科学院首席研究员仝小林。不久前，他荣获 2020 年"最美科技工作者"称号。

新冠肺炎疫情暴发后，仝小林作为国家中医药管理局医疗救治专家组组长，奔赴武汉。抵达那天是大年三十，武汉下着小雨，湿冷。吃罢晚饭，仝小林在院子里走了 1 个多小时。除夕夜，他关上空调，打开窗户，只为感受新冠肺炎的发病环境到底是怎样的，并从中医角度考量：这个病，应如何治疗？

中医讲究"理法方药"，给新发、突发疾病定性是中医介入的第一步。在武汉金银潭医院看了几十个病人的脉象和舌象后，他有了基本判断：新冠肺炎可定性为"寒湿疫"。

最初几天，医院门诊挤满人。仝小林意识到，如果控制不住社区这个源头，将出现更严重的"医疗挤兑"。2020年1月29日，仝小林团队和武昌区政府、武汉新冠肺炎医疗救治组、湖北省中医院商议决定在社区开展中医药防控，扑灭疫情"小火苗"，让防控关口前移。

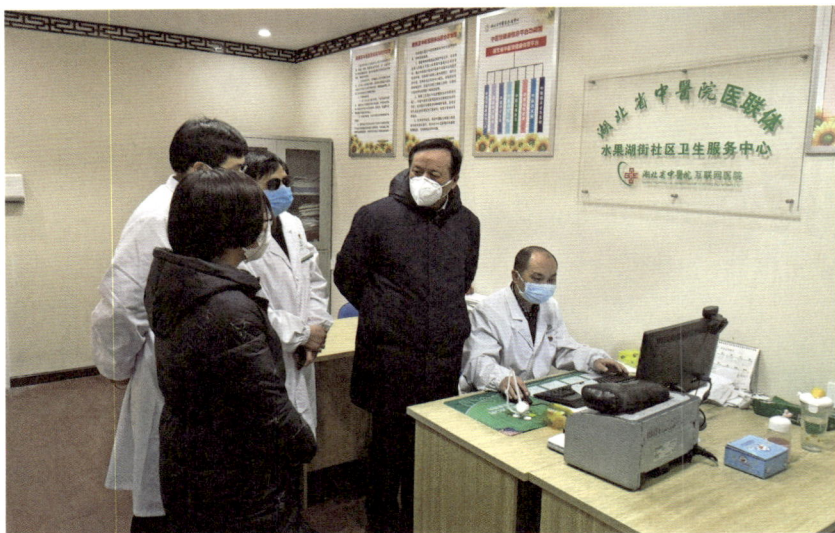

◆ 仝小林（右二）在水果湖社区调研

经反复验证，由18味中药组成的"武汉抗疫方"诞生，该方子可以宣肺透邪、解毒通络、避秽化浊、健脾除湿。经大锅熬制、机械包装，一袋袋中药汤剂开始在武昌区各社区发放。

得到药效反馈前，仝小林有些忐忑。他很清楚，"一人一处方"是中医最理想的用药模式。但这次是"万人一处方"，一旦用错，那可是人命关天。然而，疫情严重、发病人数多，逐个把脉开方辨证用药不现实。仝小林说，新冠肺炎属瘟疫，在疾病初期有相似症状，通过"望闻问切"能找到规律，抓住核心病机，为创制通治方提供可能。

汤剂发放前夕，仝小林联合技术团队连夜开发 App 软件及对应二维码，并迅速招募医疗志愿者，患者通过 App 或扫描二维码即可上传基本信息和病情日记，600 多名医师志愿者可为患者提供一对一用药指导。

事实证明，通治方有效。1 月底，武昌区隔离点疑似病例确诊病例高达 90% 以上，施行中药干预 1 个多月后，下降至 3% 左右。"中药通治方 + 社区 + 互联网"的"武昌模式"是一次创新。

精准用药，对抗瘟疫

习医从医 40 多年，仝小林参与了 3 次疫情防治。从流行性出血热到 SARS，再到新冠肺炎，每一次对抗瘟疫，经方都是他的武器，药量则是他制胜的秘诀。

"中医不传之秘在于药量"，药量也是药效的基础。但长期以来，对药量的精准把握被忽视。张仲景《伤寒论》中的一两为现今多少克？ 1.6 克，3 克，6.96 克……众说纷纭，莫衷一是。仝小林和研究团队通过文献及药物实测的考证，结合现代药理及临床实践，认为《伤寒论》经方一两约为现在的 15.625 克。

"守中医之正，创中医之新。"仝小林说，中医的用量有如用兵，既不能提笔便是重剂、猛剂，亦不能一贯追求四平八稳，而应根据疾病种类、病情轻重、个体差异、药物品性等合理用量。他多次强调，在中医"理法方药"的基础上，还应加一个"量"。

仝小林在他主持的"973"计划项目"以量—效关系为主的经典名方相关基础研究"中，验证了中医方药具有较宽泛的剂量范围，在经方本源剂量的框架内选择合理用量，能大幅提高急危重难疾病的疗效。这为创建方药量效学科、推动中医走向"量化"时代奠定重要基础。

国医大师李济仁是仝小林的硕士生导师，他认为仝小林取得学术硕果是因为善于学习老师学术思想中的精华，又拥有叛逆和质疑精神，有创新、变通和思考，敢于超越老师。以糖尿病研究为例，仝小林另辟蹊径，构建了以"核心病机—分类分期分证—糖络并治"为框架的糖尿病中医诊疗新体系，首次突破单纯中药降糖难题，为糖尿病治疗提供了新选择。

李济仁还记得 30 多年前仝小林刻苦学习的身影——为阻挡盛夏蚊虫叮咬，晚上 11 点穿着雨靴学习。仝小林说，他学中医没什么窍门，就是下死功夫。从武汉抗疫一线回京仅 3 个多月，他主编的《新冠肺炎中医诊疗与研究》一书就出版了。

2019 年 11 月 22 日，仝小林被评为中国科学院院士，祝贺如潮水般涌来，但真正让仝小林开心的是，"科学家"和"中医大夫"两条线终于有了交点。

《科技日报》2021 年 1 月 8 日

最美科技工作者

次旦央吉

ZUIMEI KEJI GONGZUOZHE

架起从光明到黑暗的桥梁

——记西藏自治区藏医院眼科中心主任次旦央吉

平均海拔 4000 米以上的西藏，紫外线照射异常强烈，这也导致当地百姓眼部疾病高发，尤其是白内障。"要让西藏人民不走出西藏，就能在当地享受和内地同步的眼科治疗"。这是出身藏医世家的次旦央吉接触现代眼科知识后的初心和愿望。

33 年从医生涯中，次旦央吉始终坚持把藏医学和现代医学理论相融合，把这些技术应用到临床上，创造了西藏眼科手术治疗的多个第一，使西藏眼科手术开展项目基本与内地一流眼科医院无差别，广大的农牧民基本可以实现看眼病不出藏。

33 年来，昌都市，林芝市，那曲市，青海省玉树藏族自治州……从南到北、从东到西，次旦央吉几乎跑遍了整个高寒缺氧的青藏高原，巡诊行程达 18 万公里。

当其得知获评 2020 年"最美科技工作者"时，次旦央吉连连问"是不是通知错了？"而事实上，对许多大山深处的藏族群众来说，她早就是他们心中的"光明使者"了。

次旦央吉同志是西藏眼科研究领域学科带头人，身上有着特别能吃苦、无私奉献的老西藏精神。从昌都的农家牧户到青海的玉树，无论是林芝的察隅还是那曲藏北草原，从南到北、从西向东，为了给更多的患者带来光明，她几乎跑遍了整个高寒缺氧的青藏高原。近年来，她积极响应国家号召传承精华，守正创新，加快推进藏医药现代化，坚持藏西药并重，目前已开展藏医药眼科特色治疗，受到国家及自治区领导的高度赞扬。

刻苦钻研业务知识，
为西藏眼科事业发展作出贡献

作为一名医生，只有通过提高医疗服务质量，才能赢得患者的信任。次旦央吉在工作中不断学习，苦练过硬的基本功，掌握本专业基本理论、基本操作、基本技能，学习新知识、新技术、新疗法，了解眼科疾病发展的新动态，积累新经验。2010年在上海瑞金医院系统地学习"眼底病"的治疗，并于2013年在广东省汕头国际眼科中心专修"白内障超声乳化术"，学习期间她的勤奋、好学、勤劳善良得到老师的好评。回院后次旦央吉凭着特别能与困难斗争的精神克服种种困难首次在西藏自治区藏医院顺利开展了"白内障超声乳化术"，至今已达到140多例。

从医33年以来，次旦央吉一直坚持学习藏医学著作和现代医学理论与实际，并于2015年被聘为传承藏医药口述经验项目专家。于1990年开展白内障冷冻摘除术及眼睑内外翻矫正术；1995年开展白内障囊外摘除术及青光小梁切除术＋虹膜周切术；2004年开展操作

西藏自治区第一台 YAG 激光术；2006 年开展泪囊鼻腔吻合术；2007
年开展西藏自治区第一台白内障小切口手术；2007 年开展斜视矫正
术；2010 年开展西藏自治区第一台翼状胬肉干细胞移植术；2012 年
开展西藏自治区首例角膜全层移植术；2014 年开展西藏自治区第一
台超声乳化白内障和西藏自治区第一台玻璃体切除手术；2017 年开
展西藏自治区第一台眼底激光术。至此西藏眼科手术开展项目基本
上与内地一流眼科医院无差别，广大西藏农牧民基本上可以实现看
眼病不出藏。仅白内障一种手术就亲自参与完成 3 万多例，复明率
达 99% 左右，是西藏现代眼科历史里程碑意义的人物。

时刻关注藏医药眼科发展，
加强西藏眼科人才队伍建设

2001 年，次旦央吉克服资料缺乏、专业术语翻译等极大困
难，将《发展中国家的眼保健》翻译成藏文，并由民族出版社出
版，成为藏医学历史上第一部系统介绍现代眼科学教科书，以这
本书作为教材先后到墨竹工卡县、林周县、山南的浪卡子县、桑
日县等地举办眼科基层培训班，给基层医务人员传授知识和经验，
让 500 多名乡村医生掌握了眼科常见病和白内障手术前技术。自
2005 年至今坚持下乡组织乡村医师培训班多次，授课达 4000 多人
次，为西藏的基层眼科医学的发展奠定了坚实的基础。

2015 年次旦央吉被聘请为西藏自治区第一个眼科研究生导师，
积极开展教学及基础科研工作，多次在各大顶级眼科杂志上以通讯
作者的身份让区内外的同人们聆听来自高原的科研成果及临床经

验。同时时刻注重藏医眼科的人才储备，采取自身培养与院外引进等方式方法，培养了优秀的人才，并且在藏医眼科发展初期就安排年轻的医护人员专攻眼科各个分支专业，分批次外派进修。现如今培养了两名研究生和多名专科护士，现在他们都能胜任自己的专业技术工作。

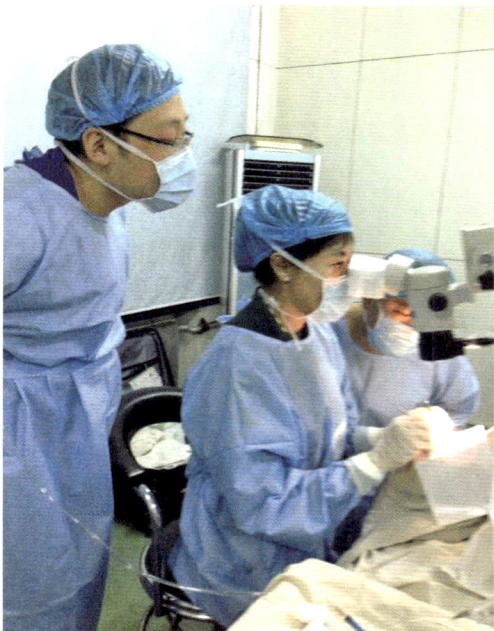

◆ 次旦央吉在眼科手术中带教研究生

加强区内外眼科疾病科普，
提高全民预防保健素养

　　次旦央吉作为非发达地区的医生，服务对象多为农牧民，因此基础的疾病科普尤其重要。2000年至2003年，她积极参加全区眼病普查工作，先后赴山南地区、那曲、林芝等地实地了解掌握情况，为全面掌握藏区白内障形成的原因和人数提供详细资料。同时积极参加医院公共卫生服务，不怕苦、不怕累，提供医疗咨询，并带领科室医护人员开展下乡手术4000多例，为更多患者带来光明，下乡期间组织农牧民进行眼科卫生防治健康宣教，为解决农牧民因病致

◆ 广播电台邀请次旦央吉作客每周眼科专家科普讲座

贫和脱贫攻坚起到了积极的作用。

自 2007 年起次旦央吉受邀作为专家在西藏人民广播电台藏语频道开设眼科疾病治疗与防治专题讲座，每周抽空为广大老百姓进行科普，并不定期受西藏广播电视台邀请参加科普栏目对眼科保健常识现场解答，深受农牧民群众的喜爱。

坚守职业操守，全心全意为患者服务

青藏高原的冬天寒冷且干燥，太阳 9 点才升起，氧气含量更是一年中最低的时候。早晨 6 点，此时大多数人还在睡梦之中，次旦央吉早早赶到医院准备当天的第一台手术，以无影灯照亮患者的光明之路。她舍弃了自己的小家，用实际行动为更多的家庭送去希望，此刻手术台就是她的舞场。走出手术室的大门，深深地吸了口寒冷的空气，她的头脑更加清晰起来。她看了一下手机上的时间，还差 10 分钟正好凌晨 1 点。"妙手回春，医德高尚，无私奉献，重见光明"，次旦央吉看了一眼科室墙上挂满的锦旗，走出了眼科大楼。对于次旦央吉来说这是普通的一天，然而对于患者家庭而言，她如同天使一般为他们又重新打开了光明之门。

次旦央吉用爱的双手为患者带来光明。她心不离病人，身不离病房及手术室，以精湛的技术、高尚的医德、人性化的服务，为一个又一个病患家庭带来希望。

自担任医师开始，次旦央吉就把医德、医风看得十分重要，从未向病人索取红包和接受病人的贿赂。始终坚持"医者父母心"的原则，对待病人不分家庭境况是富是贫、社会地位是高是低，都一视同仁，尽量给病人开经济实用的药，从不拖延病人的病情，一切为病人着想，并时刻听从党的召唤，服务群众，服务病人。

次旦央吉工作上任劳任怨，勇挑重担，服从安排，尽职尽责，能够积极认真负责，超额完成上级交给的各项任务。作为科室负责人，要求别人做到的，自己首先做到，为科室树立了榜样，得到了科室人员的拥护，不但自身获得优秀医务工作者、先进科室负责人、全国中医药文化建设工作先进个人、全区卫生工作先进个人等称号，同时带领科室全体人员多次获得集体荣誉。

注重国内外交流，
助力西藏眼科事业再登高峰

1999 年，次旦央吉带部分西藏自治区眼科医师赴尼泊尔开展了

眼科白内障人工晶体植入术教学培训，出色地完成了 4 名眼科医师的带教任务。并于 2006 年与 2007 年先后多次赴尼泊尔进行眼科专科领域学术交流，并对尼泊尔眼科手术给予必要的技术支持。

为了加强科技合作与国际交流，次旦央吉加入了加拿大国际眼科学会。2001 年为西藏自治区申请到美国塞瓦（SEVA）国际基金，给西藏带来了先进的眼科外援设备，2004 年在国家和自治区领导的重视下，她申请"视中"项目基金，协助建立西藏自治区省级眼科培训基地，给基层医务人员传授知识和经验，让 1000 多名乡村医生掌握了眼科专业技术。

次旦央吉长期在临床上采取藏医藏药特殊治疗眼科疑难疾病的理论知识与现代医学相结合的治疗方式，并将实践经验总结为理论成果发表至各类期刊，与广大同人交流。先后在《西藏大学学报》发表了《西藏地区白内障诊治中存在的问题及防治》，在国际期刊 *IASTAM* 上发表了《藏医药治疗翼状胬肉的临床经验》，在《中国藏医药》期刊上发表了《白内障病因症状治疗谈》，在《藏医药教育与研究》期刊上发表了《浅谈白内障手术过程中的临床经验》，《在全国眼科学术大会论文汇编》上发表了《传统藏医药治疗弱视的临床经验》，独立编撰了《眼科诊疗标准》，参与完成了《藏医方剂现代研究与临床应用》一书，为广大临床工作者提供借鉴和参考。

中国科协技术协会宣传文化部供稿

"最美科技工作者"次旦央吉：架起从黑暗到光明的桥梁

平均海拔 4000 米以上的西藏，紫外线照射异常强烈，这也导致当地百姓眼部疾病高发，尤其是白内障。可大量农牧民并不知道白内障可以医治。

为帮助患者重归清晰、重获光明，西藏自治区藏医院（以下简称藏医院）眼科中心主任次旦央吉带领医务人员多次赶赴偏远山村，为农牧民实施白内障手术 4884 例。作为西藏眼科研究领域学科带头人，仅白内障一项手术，次旦央吉就亲自参与完成了 3 万余例，病人复明率达 99%。

当得知获评 2020 年"最美科技工作者"时，次旦央吉连连问："是不是通知错了？"而事实上，对很多藏族百姓来说，她早就是他们心中的"最美医生"了。

复明的双眼是前行的动力

次旦央吉出身藏医世家，自小就立志投身藏医药事业，仿佛这就是她与生俱来的使命。1988 年，次旦央吉从西藏自治区藏医学校毕业，被分配到自治区藏医院外科工作，正式开启了从医道路。

"在老乡的生活里，没有光明的世界才是最可怕的，也是最悲惨的。我们必须努力工作，让更多患者早一天见到光明。"次旦央吉是这么说的，更是这么做的。

昌都市、林芝市、那区市、青海省玉树藏族自治州……从南到北、从东到西，次旦央吉几乎跑遍了整个高寒缺氧的青藏高原，巡诊行程达 18 万公里。

山路崎岖，气候恶劣，都不算坎坷；长期生活、行医条件艰苦，引起的贫血、心脏病，不过是蹉跎。次旦央吉在日记中写道："没有战胜不了的困难，只有战胜不了困难的人。"

对次旦央吉而言，最好的慰藉，就是患者的康复。

2001 年秋天，次旦央吉和医疗团队在青海省玉树州巡回手术诊治时，遇到一位不足半岁的小患者。他从生下来，双眼就患有先天性白内障，如果不尽早手术，孩子会成为弱视乃至永久性失明。

在得到孩子家长的理解和同意后，次旦央吉给小患者实施了双眼白内障抽吸术。仅过了一天，当次旦央吉用手电筒对着孩子的眼睛时，他竟挥舞着小手想要抓住光源。那一刻，病房里传来了阵阵惊叹声和掌声。

一声声"恩吉啦，吐几切（医生，谢谢啦）"发自肺腑，一双双复明的眼睛灿若星河，这就是次旦央吉和同人们前行的动力。

投身科普，为脱贫攻坚助力

小医治病，大医治人。医术日渐成熟的次旦央吉发现，阻碍当地百姓获得健康的不仅是疾病本身，还有他们对医学的认知。

1999 年，一位病人的出现令次旦央吉印象深刻。

那是一位白发苍苍的老人，在儿孙搀扶下前来就诊。经检查，老人患有老年性白内障，已经多年看不见东西，因为听说同村的病友经次旦央吉手术治疗恢复了视力，才得知这个病是可以医治的。

次旦央吉意识到，作为贫困地区的医生，服务对象多为农牧民，他们的医疗知识极度匮乏，因此，基础的疾病科普非常重要。

2000 年前后，西藏自治区展开了全区眼病普查工作，次旦央吉积极参与其中，先后赴山南地区、那曲、林芝等地实地了解掌握情况，为全面掌握藏区白内障形成的原因和人数提供详细资料。

为了扩大科普受惠群众范围，自 2007 年起，次旦央吉每周在西藏人民广播电台藏语频道开设眼科疾病治疗与防治专题讲座。

"为什么要去电台？因为藏民很多是游牧民，收音机即使在很偏远的地方也能接收到信号。而且我用的是藏语，老百姓也更容易理解，什么是白内障、如何治疗、青少年眼科疾病防控的重要性，等等。"

次旦央吉说："在多方努力下，老百姓对于眼科疾病的认知明显增加，很多人从认为不需要、不用治，到了解了手术并没有太大痛苦且能减轻家庭负担，于是选择主动求诊。"

疾病往往跟贫穷共生共存，由于百姓意识上的转变，也为解决他们因病致贫和脱贫攻坚发挥了积极作用。说起这些变化，次旦央吉整个人都轻快了起来。

守正创新，推进藏医药现代化发展

2015 年，次旦央吉有了一个新的身份，她被正式聘为传承藏医药口述经验项目专家。

"事实上，早在 1600 多年前，藏医就已经有了白内障振波手术。但我们不能停留在那里，必须要发展。"次旦央吉说道。

为了持续掌握新知识、新技术、新疗法，积累新经验，1997 年至 2007 年，次旦央吉先后 4 次到尼泊尔眼科中心进修，2010 年在上海瑞金医院、2013 年在广东省汕头国际眼科中心、2013 年在哈尔滨医科大学附属第一人民医院、2015 年在北大人民医院学习或进修……

回院后，次旦央吉克服经验、设备不足等种种困难，与国内外顶级专家共同在西藏自治区实现了一台台从未有过的手术：2007 年的白内障小切口手术和斜视矫正术、2012 年的角膜全层移植术、2014 年的白内障超声乳化术和玻璃体切除手术、2017 年的眼底激光术……使西藏眼科手术开展项目基本与内地一流眼科医院无差别，广大的农牧民基本可以实现看眼病不出藏！

5 年前，次旦央吉被西藏医药大学聘请为西藏自治区第一位眼科研究生导师，于是，她又积极开展教学及基础科研工作，目前培养出的两名研究生和多名专科护士，已经能够胜任专业技术工作。

◆ 次旦央吉组织基层眼科医生培训

　　除此以外，次旦央吉还将大量精力投入基层医生的培养上。自2000年至今，她坚持下乡组织乡村医师培训班，培训乡村医生1000多人，2000年她与藏医院翻译老师郎杰共同翻译了《发展中国家的眼保健》，2001年正式出版，这是西藏地区的首本藏文版的现代医学眼科书，为西藏的基层眼科医学的发展奠定了坚实的基础。她的下一步目标是，市级甚至县级医院也能承担白内障手术。

　　既是医者，也是坚持创新的科研工作者和育人不倦的教育者，次旦央吉在推进藏医药现代化、推进西藏现代眼科发展工作中作出了突出贡献。

　　次旦央吉表示，"最美科技工作者"这份荣誉应该属于所有无私奉献、锐意进取的西藏科技工作者。正是所有西藏科技工作者的共同探讨和努力，挖掘藏医药精华，与现代医疗技术协作、融合，才能为广大藏区百姓架起从黑暗到光明的桥梁。

中国科协信息中心、科技传播中心供稿

"无影灯"照亮光明路

谷业凯

　　西藏自治区藏医院眼科中心主任次旦央吉，是西藏眼科领域的学科带头人。为给更多患者带去光明，她常年奔波在高寒缺氧的青藏高原，巡诊行程达18万公里。从医33年来，她始终坚持学习藏医学著作和现代医学理论，并运用于实际，在守正创新基础上加快推进藏医药现代化，完成了包括第一台眼底激光术等在内的西藏眼科治疗多项第一，用"无影灯"照亮更多患者光明路。前不久，她被中共中央宣传部、科技部等6部门授予2020年"最美科技工作者"称号。

　　很多人把次旦央吉称为"光明使者"，她却常与星月为伴。下乡巡诊时，清晨6点，高原还未迎来日出，就要赶到医院准备手术；走出手术室大门时，已是凌晨。回忆起高原上30多年的行医之路，次旦央吉时常感慨过往条件的艰苦。尽管如此，她却在日记中写道，"没有战胜不了的困难，只有战胜不了困难的人"。

　　山路艰险，没有让她停下脚步；吃住简陋，没有让她停止付出。

◆ 次旦央吉（右二）下乡手术时与县领导合影

对次旦央吉来说，"心不离病人，身不离病房和手术室"是医者的本分；"守正创新藏医药事业"是她身为科技工作者的使命。同时，由于病患多为农牧民，次旦央吉把健康知识科普作为自己的又一项本职工作。她积极参与眼病普查工作，为全面收集高原白内障形成原因和患者人数等详细资料贡献力量，还投身眼科卫生防治健康宣教，开设专题讲座，就眼科保健问题进行现场解答，深受群众喜爱。次旦央吉办公室的墙壁上挂满了锦旗，她说："我把患者当家人，尽己所能，为他们减轻病痛。"

有多大担当才能干多大事业，尽多大责任才能有多大成就。当前，我国经济社会发展和民生改善，比过去任何时候都更加需要提供科技解决方案。以"最美科技工作者"为榜样，更好发挥科技创新的支撑作用，将个人奋斗融入国家发展事业，才能更好为科技强国贡献力量。

《人民日报》2021 年 1 月 27 日

最美科技工作者

程相文

ZUIMEI KEJI GONGZUOZHE

最美科技工作者

情系玉米　一生相许

——记鹤壁市农业科学院名誉院长、研究员程相文

　　程相文是鹤壁市农业科学院名誉院长、研究员。在他从事玉米新品种选育和高产栽培技术研究的 58 年中，有 55 个春节是在海南岛试验田度过的，往返鹤壁与海南的路程绕地球 7 圈还多。先后引进和选育出 39 个玉米新品种，推广到 10 多个省（区、市），累计推广 3 亿多亩，增加社会经济效益 270 多亿元。他一手抓新品种选育、一手抓高产栽培技术研究，首创万亩核心区全国夏玉米同面积最高产量纪录，在国内率先实现万亩连片一年两熟亩产超吨半粮，为河南打造全国粮食核心区作出了积极贡献。获得国家科技进步一等奖等科技成果奖 49 项。先后获得全国先进工作者、全国优秀科技工作者、全国粮食生产突出贡献农业科技人员、全国第四届道德模范提名奖、中国种业十大功勋人物等荣誉称号。

扎根基层　为民谋利

程相文扎根基层五十七载，玉米种子就是他的生命。从 1963 年参加工作以来，长期扎根基层，爱岗敬业。以一个共产党员、科技工作者的伟大情怀和高度敬业精神，以扎实的工作为人民谋利益，在长期的农业科技生涯中养成了良好的职业道德。时下精神矍铄、满头银丝的程相文，从 1964 年冬天开始，带着领导重托和农民的期盼，为了多打粮食让更多的群众填饱肚子，为了培育出更多的玉米种子，凭借自己的坚强毅力，坚韧不拔的斗志，克服工作和生活中的种种困难，在永无止境的高产玉米品种培育道路上，在远离县城 30 公里的偏僻农村，默默无闻、矢志不渝，用一生的追求解读了一名基层农业科技工作者拼搏的足迹。

程相文先后培育出浚单 5 号、豫玉 10 号、国审豫玉 11 号、豫玉 16 号浚单等 12 个国家和省审定品种；浚单 18、浚单 20 被原农业部列为国家重点示范推广玉米新品种和全国玉米优势产区主推品种，浚单玉米品种已推广到河南、山东、河北、陕西、山西、内蒙古、湖南、天津等 10 多个省（区、市），累计推广 3 亿多亩，增加社会经济效益 270 多亿元。

人民的需求　自己的理想

程相文把人民群众的需求当作自己的理想，把选育优良玉米品种当作自己的神圣使命，把自己的全部心血都倾注到玉米育种事业上。他先后主持承担国家"863"计划项目、国家星火计划项目、国家农业成果转化基金项目、河南省重大科技专项、国家粮食丰产科技工程河南课题研究和河南省万亩粮食高产创建工作，2005、2007、2008、2009 年连续创造 15 亩夏玉米超高产攻关田、100 亩夏玉米高产攻关田、1 万亩夏玉米高产示范方国内同面积最高单产纪录。2005、2007 年 15 亩浚单 20 高产攻关田，平均亩产分别达 1006.85 千克和 1064.78 千克，两次创造同面积全国夏玉米高产纪录，小麦、玉米一年两熟合计亩产达到 1733.66 千克，创造国内小麦、夏玉米一年两熟亩产吨半粮最高产量；2008 年万亩夏玉米高产示范核心区每亩平均产量 831.4 千克，专家组一致评价，首创万亩核心区国内连片种植和全国夏玉米同面积最高产量两项纪录，百亩高产方平均亩产 946.44 千克，创下全国同面积夏玉米单产纪录；2009 年百亩小麦高产攻关田，亩产达 751.9 千克，为河南省首次；万亩核心试验区小麦平均亩产 690.6 千克，创我国万亩小麦产量最高纪录，与上季玉米一年两熟合计平均亩产 1522 千克。2009 年万亩浚单 20 连片夏玉米高产示范方，平均亩产 858.0 千克，在黄淮海夏玉米区率先实现万亩大面积单产超过 850 千克的突破，与上季小麦一年两熟合计平均亩产 1548.8 千克；浚单 20 百亩夏玉米高产攻关田平均亩产达到 1018.6 千克，一年两熟合计平均亩产 1770.5 千克。在国内率先实现万亩连片一年两熟亩产超吨半粮，为河南打造全国粮食核心区起到积极的引领作用。

2010 年，实施的淇滨区钜桥镇万亩高产核心示范区小麦亩产 695.4 千克，再创全国高产新纪录；万亩核心区玉米亩产 851.6 千克，连续 2 年亩产粮食超吨半粮。2010 年，鹤壁市在国内首创 3 万亩连片，小麦平均亩产 611.6 千克、玉米 782.8 千克的高产纪录。2011 年，鹤壁市又率先设置两个 5 万亩连片高产创建示范片，浚县新镇镇 5 万亩高产创建示范片小麦平均亩产 615.6 千克，首创全国 5 万亩高产纪录，为我国整乡、整县建制开展农业高产创建积累了经验。

平凡的岗位　　不平凡的业绩

他严谨细致，精益求精，58 年干一行，爱一行，钻一行，在平凡的工作岗位上做出不平凡的业绩。他带领职工白手起家，把一个不起眼的小单位，发展到拥有固定资产 2000 多万元，功能较为完善的农业科研单位，形成了"育、繁、销"一体化大格局，成为全省 31 个县级农科所中的佼佼者，浚县农科所连续多年被授予河南省农业科研系统的"先进单位"称号，连续 3 次获评河南省"省级文明单位"。

时间播洒在金色大地上，孕育出累累硕果。育种 50 多年来，凭着对工作孜孜不倦的热情，程相文先后选育出 39 个玉米新品种，通过国家和省级审定 14 个。"玉米单交种浚单 20 选育及配套技术研究与应用"项目荣获 2011 年国家科技进步一等奖，国审浚单 18、浚单 20 获得河南省科技进步一等奖，浚单 5、豫玉 10、豫玉 16 分别获省科技进步三等奖等。老骥伏枥，志在千里，如今八旬的程相文仍然不忘初心、矢志不渝地坚守在育种第一线，程相文这只"北雁"，用连续 50 多年"南飞"的奔波劳碌，用数十载科技攻关，"衔"起了一粒粒金灿灿的高产优质玉米种子，表达对党和人民深情的爱。

中国科协技术协会宣传文化部供稿

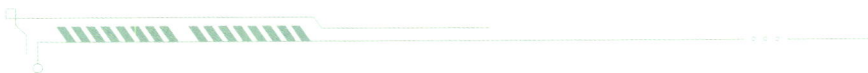

程相文：玉米种子就是我的生命

当河南省鹤壁市农业科学院名誉院长、研究员程相文得知自己荣获 2020 年"最美科技工作者"称号时，他正站在海南的试验田里："听到消息后激动了好几天，十分感谢国家对育种事业的支持；这个荣誉不是我个人的，是属于大家的。"

现年 85 岁的程相文从事玉米新品种选育和高产栽培技术研究五十八载，谱写了育种事业的传奇。"我要在有生之年为玉米育种鞠躬尽瘁，甘愿为民族事业献出毕生精力。"程相文如是说。

把人民的需求当作自己的理想

"我对玉米有一种特殊的感情，我的愿望就是为农民培育出更多更好的种子。"程相文说。

时间回溯到 1963 年 7 月，他从河南省中牟农业专科学校毕业，来到浚县从事农业技术推广和研究工作。此时的粮食产量很低，每顿都能填饱肚子成了人们的奢望。

一次，程相文在钜桥镇邢庄村了解玉米生长情况时，一位大娘眼中含着泪花说:"你来了!你是大学生,能不能想个啥法子,一亩地多打几十斤?能叫窝窝头管吃饱,娃娃们也不会挨饿受罪了。"

生在农村、长在农村,对农民有着深厚感情的程相文一辈子也忘不掉这个场景。"党和人民需要什么,我就干好什么。"就这样,一个信念从此扎根心底,他开始奔走在永无止境的高产玉米品种培育道路上。

程相文坚信,一粒种子可以改变一个世界,一个品种可以造福一个民族。他先后引进和选育出 39 个玉米新品种,通过国家和省级审定的达 14 个。

其中,浚单 18、浚单 20 被农业农村部列为国家重点示范推广玉米新品种和全国玉米优势产区主推品种。浚单 20 突破了高产、优质、抗逆有效结合的技术瓶颈,多次创造 15 亩、百亩和万亩连片夏玉米同面积高产纪录,种植面积一度达到全国第二,获 2011 年国家科技进步奖一等奖。

如今,浚单系列玉米品种已推广到河南、山东、河北、陕西、内蒙古等 10 多个省(区、市),累计推广 3 亿多亩,增加社会经济效益 270 多亿元。

扎根一线矢志不渝

玉米授粉期恰逢盛夏三伏天,花粉存活时长仅 6 个小时,授粉正赶上一天中最闷热的时段,地里温度高达 37 摄氏度以上,而且授粉者不能站立,不能蹲着或坐着,只能弯着腰进行。

程相文常常连续给玉米授粉七八个小时,有时腰弯得都直不起

◆ 程相文在田间记载农作物生长情况

来了，皮肤也被玉米叶划出一道道血口子，花粉落到脸上、脖颈、身上，汗水一浸，又疼又痒。然而，对事业执着的追求，让他甘于吃苦、敢于拼搏，直到今天依然坚持下地。

在北方，一年只能种一季玉米。如果拿到海南岛，播种育种时间比在北方提前一年，这样农民年年都可以种上新繁育的玉米良种。于是，程相文主动请缨到海南岛加代繁育玉米种子。从此，他有55个春节都是在海南的试验田里度过的。

程相文还记得1964年冬天第一次踏上海南岛的情景。他先从郑州坐火车到湖北汉口，再到广西黎塘，坐汽车从黎塘到广东湛江，再到海安，然后坐船至三亚，从三亚到崖城镇一个叫荔枝沟的小山村。汽车、火车、渡船、徒步，一个单程下来足足走了15天。

育种半个世纪，他不停地如此往返，走过的路程绕地球7圈还多。而育种时，他每天天不亮就起来烙上几张油饼，带着赶往 8 里路之外的育种基地。到了中午，油饼、白开水就是午餐。为了节省开支，他专门买了一台缝纫机，自己缝制玉米授粉用的袋子。

程相文说："玉米就是我的生命，一天也不离玉米。"

为了大地的丰收

程相文不是农民，却种了半个世纪的庄稼；家住北方，却在每一个万家团圆的日子向南方迁徙。他把自己的全部心血都倾注到玉米育种事业上，用一名基层农业科技工作者拼搏的足迹诠释了一生的追求。

"育种是一件科学性、实践性很强的工作，不能只听汇报、只看数据。只有亲力亲为，才能掌握第一手资料，才能做好育种事业。"

● 年过八旬仍坚持下田

他说。

程相文把当初一名技术员、半间房的浚县农科所，发展到现在资产上千万元、拥有近百人科研团队的市级农业科学院，形成了"育、繁、销"一体化的大格局。而他通过新品种研发应得的数百万元奖金，却全部用在了科研开发和农科院建设上。

从满头青丝到鬓发染霜，如今年过八旬的程相文仍坚持和大家一起套袋、采粉、授粉、记录。为了大地的丰收，再苦再累也无惧。"远看像要饭的，近看像烧炭的，一问才知道是农科院的"——这就是他们。

2020年新冠肺炎疫情对全球粮食安全造成负面影响。粮食安全事关国家战略安全，保障国家粮食安全这根弦任何时候都不能放松。作为农业科技工作者，程相文胸怀祖国和农民，勇攀玉米育种事业的高峰，淡泊名利、潜心研究，为守卫粮食安全奉献一生。程相文说，更多青年科技工作者应传承科学家精神和事业的"接力棒"，担负起历史责任。

"我把'最美科技工作者'的荣誉当成一种动力、一个起点，我还想继续为'三农'事业作贡献。"程相文深情地说。

中国科协信息中心、科技传播中心供稿

程相文：对一粒种子的长情

代小佩

曾羞于提起，甚至极力掩盖的事，最终成就了他。

2020 年年末，84 岁的程相文获"最美科技工作者"称号。走上工作岗位的 58 年来，他的脚步在田间地头几乎没有停歇过，只为选育更好的玉米种子。大大小小的黑斑、纵横交错的皱纹，是烈日风霜赠予他的礼物。

谁能想到，视玉米种子比命更重要的程相文，早年却因为学农业感到丢人。

排斥学农　却成为种业功勋

程相文出生在动荡的 1936 年，高中毕业后被分到河南省中牟农业专科学校（现为河南农业职业学院）。

学农业，在当时并不光彩甚至可能被嘲笑，程相文选择隐瞒。入学 1 年多了，家人和乡邻还不知道他在学什么。虽不喜欢，但做事一向认真的程相文还是用心在学。

跟玉米结缘，是在鹤壁市浚县。1963 年大专毕业，程相文服从分配成为浚县一名农业技术员，负责种子实验。玉米是浚县主要农作物之一，但当时亩产只有 50 公斤左右。程相文目睹过饥肠辘辘的人吃树叶、啃树皮，填饱肚子是天大的事。

老百姓常年用农家种来种玉米，这样做会减产，最好买由专业技术人员干预繁育的杂交种子。程相文下决心：一定要为浚县老百姓选育高产的玉米良种。

1964 年秋冬之交，背着 50 多斤玉米种子，年轻的程相文只身来到海南三亚田独镇罗蓬村。在租来的零散玉米地，他悉心撒种、挑水浇地、挑粪施肥，静待发芽、拔节、抽穗。

结果，玉米刚出苗就遇旱灾，程相文挑了十几天水才给一棵棵玉米苗浇上水。没承想，又赶上春节前老百姓放水插秧，玉米地的地下水位提高，为保苗生长，程相文又在玉米地四周挖沟排水。累活儿很多，危及生命的事不少。"有一天夜晚，我在玉米地遇到一条银环蛇。还有一次，我给玉米挑粪时掉进粪坑，大粪到我胸口高，幸好几个大娘把我捞了出来。"程相文说。

1 年后，程相文收获了自己的第一批玉米杂交种子。浚县钜桥镇邢庄村一位村民抱着试试看的心态种下。欣喜的是，亩产达三四百公斤。村民说，小程带回的种子可真是"金豆子"！

"我是学农的，黄土地是我事业的支撑点。"备受鼓舞的程相文决定在玉米地扎下根、沉下心，他先后选育出 39 个玉米新品种，其中 14 个通过国家和省级审定。

2011 年，程相文主持的"玉米单交种浚单 20 选育及配套技术研究与应用"项目获国家科技进步一等奖，温家宝到鹤壁视察时讲了两个"忘不掉"：第一，老程忘不掉；第二，"浚单"忘不掉。2014年，程相文和袁隆平、李振声等人被评为改革开放以来"中国种业十大功勋人物"。

他把长情给了玉米地

玉米选种，授粉是关键，最佳玉米授粉期又恰逢春节。58年来，程相文有55个春节在海南试验田度过。"一辈子就干了种玉米这一件事。"程相文说。

对每粒种子程相文都严格把关。他承担的15亩国家级玉米高产攻关试验田，5000株玉米，没有一棵缺株、一棵弱株、一棵虫株。

◆ 程相文在海南试验田为玉米授粉

程相文先后主持承担国家"863 计划"项目、国家星火计划项目、国家农业成果转化基金项目等，连续创造了夏玉米 5 亩、100 亩、1 万亩、3 万亩、10 万亩国内同面积最高单产纪录。他带着育种团队培育的"浚单""永优"系列玉米品种，在全国累计推广 5 亿多亩。

玉米丰收了，育种能不能停一停？程相文说，育种最初是为了高产，现在还要追求优质、多抗、广适，比如抗倒、抗病、抗旱……

育种无止境，一茬茬玉米变黄了，小程也变成了老程。给玉米授粉一般在每天 9 时至 16 时之间进行，这个时段玉米地温度高达 37 摄氏度以上，而人不能站、不能蹲或坐，只能弯腰工作。程相文坚持和大家一起完成套袋、采粉、授粉、记录。

他把长情给了玉米地，已多不出半分再给家人。1993 年春节，妻子中风，但体贴的妻子把程相文打发去海南给玉米授粉。"我和我老伴感情很深，她一生都没有跟我要过东西……"忆及往事，程相文如鲠在喉。

在父母、妻子、女儿最需要他时，程相文总是远在异乡。难过时，他会去玉米地走走，然后回屋里哭，抹把脸，再去玉米地。痛苦让他愈加坚定：一定要选育更好的玉米种子。

被问及有什么遗憾，80 多岁的老人顿了顿，眼泪突然流下来。过了会儿，他抹掉泪，哽咽着说："没有遗憾，我没有什么遗憾……不管遇到多大困难，不管有什么阻碍，我都要坚持下去，种好我的玉米，我绝不会放弃。"

《科技日报》2020 年 12 月 29 日

最美科技工作者

郝吉明

ZUIMEI KEJI GONGZUOZHE

守护美丽蓝天的科技工作者

——记清华大学环境学院郝吉明

"一个人的研究，如果不跟国家需要结合起来，这个研究就没有生命力。"郝吉明如是说。他 1965 年考入清华大学，1984 年在美国辛辛那提大学获得博士学位。之后，他毅然放弃了留美工作的机会，毫不犹豫地响应国家号召，成为改革开放后第一位从美国学成回清华任教的博士，在我国生态文明建设与大气污染防治中作出了突出贡献。他聚焦国家重大需求，深耕大气污染控制研究 40 余年，率领研究团队解决了我国在不同阶段面临的大气污染防治科技难题。

郝吉明始终面向学科发展前沿和国家重大需求，在我国生态文明建设与大气污染治理领域发挥了重大作用。因"领导制定和实施的中国燃煤、工业、交通等行业的大气污染防控政策，为大气污染控制作出了突出贡献"成为中国大陆首位哈根—斯密特清洁空气奖获得者，因"领导了大气污染防治理论、战略和技术的研究及实施"入选美国国家工程院外籍院士。针对京津冀等区域出现的严重灰霾污染，通过综合提升科学认知、准确溯源和高效治理的技术能力，对大气复合污染实施重点区域联防联控，推动重点行业实施超低排放战略，在雾霾治理方面取得显著成效。指导实施了北京奥运空气质量保障方案和大气污染防治行动计划并取得显著效果，特别是成功保障北京 $PM_{2.5}$ 浓度持续显著下降，2017 年实现了京 60 的目标。面对突如其来的新冠肺炎疫情，积极投身抗疫工作，建议并组织协调全国环境、健康和环境毒理等领域专家，开展协同攻关，推动建立完善应对国家公共卫生事件中的次生环境风险防控和应急应对技术支撑体系。

为新冠肺炎疫情的环境次生风险防控提供科技支撑并积极投身抗疫工作

郝吉明早在 2020 年 2 月初联合其他 9 位院士和专家向国务院提出《关于注意和加强新型冠状病毒肺炎次生环境风险防控与应急措施的建议》，并得到国家领导人的高度重视，促成科技部和中国工程院推出《新型冠状病毒传播与环境的关系及风险防控》应急公关专项项目，并担任专家组组长。项目组系统提出了跨介质传播扩散阻断措施及风险综合管控策略与技术，开发了低病毒含量样本快速浓缩富集的精准检测方法，建立了水系统中病毒溯源的新路径和基于城市污水系统的病毒监测预警网络，率先提出了"自然宿主—带病毒环境介质—人类"的新冠病毒来源及传播可能路径假设，受到国务院高度重视和重要指示；针对武昌方舱化粪池水样新冠病毒核酸阳性问题，提出了具体改进措施并降低了风险，组织研发及生产消杀净化、取样检测设备共计 700 余台套，成功应用于武汉等地；主持完成 6 项技术指南、导则等规范性技术文件编制；向国务院、工程院等提交专报 11 份，其中《关于做好农村疫情防控、抓好春耕备耕的建议》等 3 份专报获国务院领导批示，对疫情防控提供了重要的科技与管理支撑。

在生态文明建设与大气污染防治中
作出突出贡献

从科学理论、政策标准和控制技术的结合上，为制定适合我国国情的酸沉降控制战略提供了关键科技支撑，推动全国和北京地区燃煤污染控制与二氧化硫排放的大幅削减。20 世纪 80 年代，我国主要大气环境问题是燃煤所造成的酸雨。郝吉明提出国际领先的硫—氮和盐基三维临界负荷理论，并基于生态系统酸化机制所确定的临界负荷作为控制的目标。领导完成的《酸雨控制区和二氧化硫污染控制区划分方案》，经国务院批准实施，成为我国大气复合污染治理的里程碑。他提出工程—结构—管理相结合二氧化硫控制的核心技术途径，推进了我国二氧化硫排放标准的持续提升和排污收费政策的实施。郝吉明提出的硫氮减排技术政策为两控区 175 个地市和全国主要污染减排规划提供了技术方法，促进二氧化硫和氮氧化物排放总量的大幅削减，全国酸雨区面积从 20 世纪 90 年代占国土面积的 30% 左右下降到 2018 年的 5.5%。

郝吉明构建了"车—油—路"一体化的机动车排放污染综合控制体系，率先在北京开展实践，并持续推动中国机动车排放控制水平与先进国家接轨。研发了实际道路瞬态测试技术、全路网动态排放清单和排放综合控制决策系统，被广泛应用于中国机动车排放控制决策。首次揭示了中国大城市呈现出煤烟—机动车复合型的大气污染特征，促成北京于1999年率先实施国一新车排放标准，推动中国汽车产业在污染控制方面向国际接轨。主导北京在奥运会举办前提前实施国四标准，设计并领导实施了交通排放一体化控制策略，奥运期间成功削减近50%的道路污染物排放量。针对重型柴油车污染，发现标准加严并未改善重型柴油车NOx排放，促成地方和国家先后实施车载法标准。先后领衔为国家部委编制《机动车排放污染防治技术指南》，出版专著《城市机动车排放污染控制》；带领团队在机动车排放控制上取得的成绩得到联合国环境署（UNEP）高度认可，总结的城市机动车污染控制经验受到两任联合国副秘书长的重点推介，并因在中柴油车污染控制方面取得的成绩荣获2018年联合国环境署气候与清洁空气奖。

郝吉明发展了特大城市空气质量改善的理论与技术方法，构建了基于费效分析的区域空气质量调控技术平台，推动全国和重点区域大气 $PM_{2.5}$ 污染治理取得显著成效。开发了多种先进的气溶胶在线测量技术，突破了1—3纳米气溶胶测量瓶颈并显著提高了污染源排放测试的准确性；建立了基于技术工艺尺度的动态排放清单模型，显著改善了清单的准确性。发现在北京及华北地区，二氧化硫和二氧化氮在较高湿度下的非均相反应是造成重霾过程中颗粒物快速增长的主因；硫酸和有机胺的均相成核可提供二次组分生成所需的反应界面，这同对欧美大气环境的认识有显著不同。创新性地建立了多源、多污染物、多区域分类减排与环境效应的非线性模拟技术，实现了对控制措施实施效果的快速定量分析，为区域空气质量预报预警、重污染天气应对和空气质量达标规划制定等提供了核心科技支撑。带领团队研发了基于成本效益分析的多污染物综合防治措施优化方法和决策支持平台，解决了从环境目标反算减排需求的科技难题。自 1998 年起持续引领北京市大气污染防治，作为领衔专家完成"第 29 届奥运会北京空气质量保障措施"，推动区域大气污染联防联控。先后作为领衔专家在上海世博会、APEC 峰会等多次重大活动空气质量保障中发挥核心领导作用，确保了空气质量全部达标。作为专家组组长引领国家和数十个省市的大气污染防治行动计划和《打赢蓝天保卫战三年行动计划》的制订和实施，推动了我国大气污染治理从总量控制到质量控制的历史性转变，被原环保部评价为"显著增强了管理工作的科学性和系统性，是国家减排重大政策的核心支撑"，促进我国 $PM_{2.5}$ 污染治理取得显著成效。

积极推进 $PM_{2.5}$ 与臭氧协同控制。在中国工程院院刊 *Engineering* 发表综述文章《生态文明建设下大气污染控制的进展、挑战与机遇》，系统梳理了中国大气污染控制进程，指出今后的空气质量持续改善应该以公众健康为导向，重视 $PM_{2.5}$ 和臭氧污染的协调治理。研究发表后，受到北京日报、腾讯、新浪等媒体高度关注。生态环境部大气司、规划研究院等机构高度重视研究提出的建议，把综合气象和化学机制等因素的复杂影响，科学优化臭氧前体物减排方案作为指导各地夏季臭氧污染防控的重要指导意见。

推动环境学科发展与课程体系建设

郝吉明是教育部长江学者奖励计划首批特聘教授、兼任联合国环境规划署亚太区域大气污染防治科学理事会主席，是中国环境与发展国际合作委员会委员、国务院学位委员会环境科学与工程学科评议组召集人、国家生态环境保护专家委员会会员。获国家科技进步一等奖 2 项、二等奖 2 项，国家自然科学二等奖 1 项、国家技术发明二等奖 1 项。2010 年绿色中国年度人物，获 2018 年"大气环境科学与技术研究"终身成就奖，2019 年环境化学杰出成就奖。2014—2019 年连续 6 年成为 *Elsevier* "中国高被引学者"。培养近 120 余名硕士、博士研究生，先后为本科生和研究生开设 6 门课程，主讲的《大气污染控制工程（含实验）》被评为国家级精品课程，主编的《大气污染控制工程》被评为国家级优秀教材，是我国应用最广的环境类教材。曾获国家级教学名师奖，两次获国家级教学成果一等奖，获清华大学"新百年教学成就奖"和"良师益友奖"，作为团队带头人的环境工程专业教学团队入选国家级教学团队。

中国科协技术协会宣传文化部供稿

奋战在环境治理一线

吴月辉

"压力和挑战都不在我的考虑范围内，唯一指引我前行的就是国家发展的需要。"中国工程院院士、清华大学环境学院教授郝吉明这样说，也是这样做的。

几十年来，服务国家发展的需要，一直是他教学与科学研究的目标。从治理 $PM_{2.5}$ 和臭氧污染到应对气候变化，从防控新冠病毒环境风险的现实需求到实现美丽中国的长期目标，年逾古稀的郝吉明仍奋战在环境治理的一线。

打赢蓝天保卫战，是使命也是责任

"建设小康社会，离不开美好的环境。"带着这样的初衷，郝吉明紧密结合国家需求，切实解决了一个又一个大气环境问题。

20 世纪 80 年代，严重的酸性降雨造成了巨大的经济损失。为此，郝吉明带领团队先后开展了华南和东部地区酸沉降控制规划与对策研究，为制定适合我国国情的控制对策和战略提供了科学依据。随着我国汽车制造业的起步，他又适时提出了建立城市机动车污染控制规划方法，推动了我国机动车污染防治进程。

一路马不停蹄，接连攻坚克难，还来不及稍作休整，更为艰巨的挑战和任务又摆在了郝吉明面前。

2013 年年初，雾霾天气在我国频繁出现，空气质量问题引起全社会高度关注。当年 9 月，国务院出台了《大气污染防治行动计划》，涉及燃煤、工业、机动车、重污染预警等。解决大气污染问题迫在眉睫。

郝吉明和团队承担起了京津冀及周边"2+26"城市中 9 个城市的一市一策跟踪研究，并推动具体控制措施落实到每一个企业。打赢蓝天保卫战，对他们来说，是使命也是责任。

"从污染源直接排放的颗粒物通常称为一次颗粒物。目前我们城市中的 $PM_{2.5}$，主要来自煤、油燃烧后排放气体中的二氧化硫、氮氧化合物以及人们在机动车使用、油品加工与溶剂使用过程中产生的挥发性有机物。"郝吉明说，"这些物质在空气中发生物理、化学反应，形成二次颗粒物。一次颗粒物的控制进展比较快，技术相对比较成熟，但对二次颗粒物控制起来还比较困难。要想全面改善大气质量，必须协同控制以 $PM_{2.5}$ 和臭氧为关键污染物的大气复合污染，持续减少氮氧化物、挥发性有机物、二氧化硫和一次颗粒物的排放量。"

让郝吉明感到高兴的是，这些年在国家的大力支持下，众多环境工作者一起努力，大气质量已经有了显著的改善和提高。但他也深知，这条攻坚之路仍任重道远。

"如今，我虽然已到古稀的年龄，但在尽可能的情况下，还是要为打赢蓝天保卫战贡献力量，因为这是我的专业，也是我的责任，应当有这个担当。"郝吉明说。

只要是对的事情，就一定要努力去做

"做科研从来都不会是一帆风顺，经常会遇到各种挫折，但只要是对的事情，我就一定要努力去做。"在环境污染研究领域拼搏近50年，郝吉明在业内是出了名的"抗压"和"倔强"。

对此，他也很坦诚："我这个人有时候是挺'拧'的。有些事情你就是要表达出自己想说的，如果都不敢讲不敢干，好的理念就没法去贯彻。"

20世纪90年代，我国的汽车制造业刚开始起步。郝吉明敏锐地意识到，在未来机动车保有量势必增多的情况下，如果不对排放加以限制，我国空气质量将难以持续好转。于是，他带领团队对北京市机动车污染状况进行了研究。1998年，主管部门依据郝吉明团队的研究成果，制定了机动车尾气排放标准。

然而，当时正值汽车制造行业的起步阶段，实施新标准面临很多阻力。有人质疑："郝老师，你们这个标准会不会阻碍中国汽车产业的发展？"他斩钉截铁地回答："我们这个标准能促进中国汽车产业和国际快速接轨的可持续发展，没有一个国家愿意让冒着黑烟的汽车满街跑！"

面对一些质疑，郝吉明坚持自己的判断，并争取到了相关部门的支持。最终，这一标准在北京率先实施，后来成为国一标准在全国推行，极大地提高了新车准入门槛。

2003年修改排放标准时，也有一些不同的声音。在一次讨论时，有人反问郝吉明："您总说要走新型工业化道路，那电力行业要怎样才算走新型工业化道路？"郝吉明从容应答："你要问我就说、电力行业一要立足国家对电的需要实现大力发展，二要提高发电用煤的效率，三要减少单位发电的污染物。做到这3点就算做到了新型工业化道路。"

"其实这些事情是对生产和生活方式的改变和提高，是最终能够造福于民的。"郝吉明说，"就拿我自己来说，早年我们家也是烧煤炉子，后来改用煤气罐，使用起来觉得不仅更清洁而且更方便。现在不管是农村还是城市，越来越多的人能够享受到清洁能源的便利。这些事值得去做。"

要选择既体现学术价值又体现国家社会需求的研究课题

科研工作之外，教学是郝吉明另一项钟爱的事业。

◆ 郝吉明给学生们讲课

从 1986 年在清华大学任教起，他一直站在三尺讲台上，年复一年给学生传道、授业、解惑。如今，尽管已年过七旬，郝吉明仍然一站就是两节课。他说："这是对学生的尊重，更是对教师职业和教育事业的尊重。"

在学校，郝吉明为本科生开设的"大气污染控制工程"课程，学生评价始终名列前茅。

"郝老师总是把基础知识和科技前沿结合，同时又穿插一点自己的小故事，寓教于乐，为同学们打开了大气污染控制领域的大门，并引导大家扩展国际视野。"有学生说，"郝老师让我增加了对学科的亲近感和好奇心，更加感受到了他的用心和付出。"

郝吉明不断将环境领域的前沿理念和研究热点写入教材，以期给予学生更大的启发。他主编的《大气污染控制工程》被评为国家级优秀教材，也是我国应用很广的环境类教材。

◆ 郝吉明指导学生试验

在郝吉明堆满书稿的办公室里，墙上张贴的"宁静致远"几个字表明了他的心境。他常常说："希望我的学生要有爱国之心，这是新时代青年实现自我价值的基本前提。"

数十年辛勤耕耘教育，郝吉明培养了一批又一批学子。对于年轻的科研工作者和学生，他寄予厚望："要选择既体现学术价值又体现国家社会需求的研究课题。环境保护工作，有时效果虽不像盖楼那么显而易见，但它是功在当代、惠及长远的事，需要我们持之以恒做下去。"

《人民日报》2021 年 3 月 15 日

郝吉明：做环境守护者，让祖国变得更美

李　禾

"最美科技工作者首先应该有家国情怀，要为国家的重大需求、为人民生活水平的提高、为改善人民生活而献身研究、不懈奋斗。"对于获得 2020 年"最美科技工作者"荣誉，中国工程院院士、清华大学环境学院郝吉明教授强调，"大家选我，不是因为我'最美'，而是希望看到我们的环境更美、国家变得更美丽。"

务实求真，立足国家需求做科研

作为一名大气污染防治专家，1984 年郝吉明在美国辛辛那提大学获得博士学位后，毅然放弃了留美工作的机会，毫不犹豫地响应国家号召，成为改革开放后第一位从美国学成回清华任教的博士。"作为一名科研工作者，务实才能求真，务实是国家的需求、经济建设提出的问题，要从这里找到自己的立足点、研究方向。"郝吉明不

仅这么说，一直也是这么做的。

2020 年，面对突如其来的新冠肺炎疫情，郝吉明敏锐地意识到，疫情将带来环境风险。于是，在 2 月初，郝吉明联合 9 位院士和专家向国务院提出《关于注意和加强新型冠状病毒肺炎次生环境风险防控与应急措施的建议》，促成科技部和中国工程院推出《新型冠状病毒传播与环境的关系及风险防控》应急公关专项项目。

通过包括郝吉明在内的专家团队的努力，项目组系统提出了跨介质传播扩散阻断措施及风险综合管控策略与技术，开发了低病毒含量样本快速浓缩富集的精准检测方法，建立了水系统中病毒溯源的新路径和基于城市污水系统的病毒监测预警网络，率先提出了"自然宿主—带病毒环境介质—人类"的新冠病毒来源及传播可能路径假设；针对武昌方舱化粪池水样新冠病毒核酸阳性问题，提出具体改进措施降低风险，并成功应用于武汉等地，为疫情防控提供了重要的科技与管理支撑。

环境治理和经济社会协调发展

作为国家重点研发计划"大气污染成因与控制技术研究"重点专项、总理专项基金支持的"大气重污染成因与治理攻关项目"总体专家组组长，随着国家实施"大气十条"、开展蓝天保卫战，郝吉明更加忙碌，对大气治理的思考也日益深入。

郝吉明刚回国时，国内面临的主要是煤烟型污染问题，煤燃烧释放二氧化硫形成酸雨，酸雨给各地造成了巨大的经济损失。郝吉明带领团队先后开展了华南、柳州和我国东部地区酸沉降控制规划

◆ 郝吉明参加论坛作学术演讲

与对策研究，为制定适合我国国情的控制对策和战略提供了科学依据。他领导完成的《酸雨控制区和二氧化硫污染控制区划分方案》，经国务院批准实施，成为我国大气复合污染治理的里程碑。

在思考环境问题时，郝吉明总是从环境治理和经济社会协调发展角度统筹考虑，这也使他的研究"先人一步"。"20 世纪 90 年代末，汽车开始进入我国的千家万户，机动车污染将是城市突出的环境问题，北京等城市该如何控制机动车污染？"郝吉明适时提出了"车—油—路"一体化的机动车排放污染综合控制体系，率先在北京开展实践，持续推动我国机动车排放控制水平与先进国家接轨。

郝吉明带领团队在机动车排放控制取得的成绩得到联合国环境署的高度认可，总结的城市机动车污染控制经验受到两任联合国副秘书长的重点推介，团队荣获 2018 年联合国环境署气候与清洁空气奖。

教书育人，培养栋梁之材

作为教育部长江学者奖励计划首批特聘教授，郝吉明在肩负繁重科研任务的同时，始终站在教书育人的一线讲台上，开设国家级精品课程，获国家级教学名师荣誉称号。"我希望我的学生首先要有爱国之心，这是新时代青年实现自我价值的基本前提，其次要有报国之志，再是有建国之能，终身奋斗。"郝吉明说。

郝吉明对青年人寄予殷切希望。他说，科技工作者是国家重要的科技创新力量，青年人应当有这种担当和责任。力量源于责任、精神贵在坚韧、勤奋铸就精品、务实才能求真，青年科技工作者应面对国际前沿，推动我国经济社会环境持续发展。

治理大气污染是一项长期性、艰巨性攻坚作战任务。2020年春节以来，京津冀及周边地区多次出现重污染天气过程，公众质疑，车停了、企业停了，雾霾怎么还在？"我们就及时分析污染成因，解读大气污染物减排量和环境容量究竟有多大，迅速回应公众关心的问题。"郝吉明说，目前，我国大气治理正在爬坡阶段，初战告捷，但任重道远，还要继续奋斗。特别是2020年中央经济工作会议把"做好碳达峰、碳中和工作"作为2021年要抓好的重点任务，"我们的任务还是非常艰巨的"。

"深入学习习近平生态文明思想、坚持科技创新，我们一定能够打赢蓝天保卫战，还人民蓝天白云繁星闪烁。"郝吉明说。

《科技日报》2021年1月25日

视频·链接

最美科技工作者

ZUIMEI KEJI GONGZUOZHE

中央宣传部　中国科协等6部门发布2020年"最美科技工作者"先进事迹

　　为深入学习贯彻习近平新时代中国特色社会主义思想，认真贯彻落实党的十九届五中全会精神，激励广大科技工作者胸怀"两个大局"，坚持"四个面向"，为建设世界科技强国、推进国家现代化创新争先，近日，中央宣传部、中国科协、科技部、中国科学院、中国工程院、国防科工局6部门在北京向全社会发布2020年"最美科技工作者"先进事迹。

　　王行环、李玉、陈厚群、胡郁、李东、张亮、仝小林、次旦央吉、程相文、郝吉明，都是来自科研生产一线的科技工作者先进典型。他们中有的积极投身抗击新冠肺炎疫情一线，舍生忘死筑起阻击病毒的钢铁长城；有的扎根脱贫攻坚一线，将论文写在祖国大地上；有的矢志不移自主创新，将核心技术牢牢掌握在自己手里；有的积极促进科技经济紧密结合，用科技服务民生……他们是中国科技工作者的优秀代表，他们以实现国家富强、民族振兴、人民幸福

◆ 2020 年 12 月，中央宣传部、中国科协、科技部、中国科学院、中国工程院、国防科工局等 6 部门在北京向全社会发布 2020 年"最美科技工作者"先进事迹。左起：陈亮、李东、仝小林、李玉、陈厚群、次旦央吉、程相文、郝吉明、王行环、胡郁

为己任，用责任、毅力与担当，书写着一个又一个创新奉献的故事，他们以实际行动，生动诠释了中华民族伟大精神的真谛，有力弘扬了新时代科学家精神，展现了中国科技工作者的良好精神风貌。

发布仪式在中央广播电视总台举行，现场播放了"最美科技工作者"先进事迹视频短片，从不同侧面采访讲述了他们的工作生活感悟。主办单位负责同志为他们颁发"最美科技工作者"证书。

"最美科技工作者"学习宣传活动自 2018 年以来已连续举办 3 届，每年选树 10 位先进个人，在全社会营造尊重劳动、尊重知识、尊重人才、尊重创造的浓厚氛围，激励广大科技工作者以"最美科技工作者"为榜样，牢记科技报国为民的初心，大力弘扬科学家精神，坚定创新自信、接力精神火炬，自觉把个人理想融入国家发展伟业，汇聚起建设世界科技强国、实现中华民族伟大复兴中国梦的磅礴力量。

新华社北京 2020 年 12 月 28 日电

《闪亮的名字——2020 最美科技工作者》，中央广播电视总台，2020 年 12 月 28 日。